中外巨人传

# 戚 继 光

朱亚非 著

辽海出版社

## 图书在版编目（CIP）数据

戚继光 / 朱亚非 著．—沈阳：辽海出版社，2011.12
（中外巨人传）
ISBN 978-7-5451-1183-5

Ⅰ．①戚… Ⅱ．①朱… Ⅲ．①戚继光（1528～1587）—传记
Ⅳ．①K825.2

中国版本图书馆 CIP 数据核字（2011）第 223945 号

责任编辑：柳海松
责任校对：顾　季
装帧设计：马寄萍

出 版 者：辽海出版社
　　地　　址：沈阳市和平区十一纬路 25 号
　　邮　　编：110003
　　电　　话：024-23284473
　　E-mail：dyh550912@163.com
印 刷 者：天津海德伟业印务有限公司
发 行 者：辽海出版社

幅面尺寸：165mm×230mm
印　　张：9.5
字　　数：95 千字

出版时间：2012 年 5 月第 1 版
印刷时间：2019 年 1 月第 4 次印刷
定　　价：22.00 元

版权所有　翻印必究

## 目 录

001 一、前 言

001 一、辉煌的人生历程
001 1. 青少年时代
008 2. 投身军旅
015 3. 浙江抗倭
024 4. 创立戚家军
030 5. 台州大捷
035 6. 福建抗倭
046 7. 仙游之战
050 8. 转战广东
053 9. 防守蓟镇，巩固北疆

**075** 10. 谪调广东，晚景凄凉

**086** 二、杰出的战略战术

**086** 1. 算定而后战

**088** 2. 快速、灵活用兵

**090** 3. 各种武器配合使用，多兵种协调作战

**093** 4. 攻守兼备，重视防御

**095** 5. 大创尽歼，集中力量打歼灭战

**099** 三、深远的历史影响

**099** 1. 军事影响

**110** 2. 民间影响

**130** 3. 民间习俗文化活动

戚继光

# 前　言

　　戚继光是中国历史上著名的抗倭将领和民族英雄。他的业绩数百年来一直为人们所传颂。戚继光生活在明朝嘉靖、隆庆、万历时期，这是一个风云变幻的年代。这一时期，资本主义萌芽开始出现，民族矛盾、阶级矛盾尖锐复杂，各阶层人民反封建专制斗争风起云涌，统治阶级内部的改革思潮高涨，再加上西方殖民者东来以及西学东渐，历史构成一幅绚丽多彩的画卷。从明初开始尖锐的民族矛盾就一直存在，明朝建立后，就面临着严重的外来威胁。因为明朝建国后，并没有完全消灭蒙元残余势力。以元顺帝为首的蒙古贵族退入漠北，但仍保持着强大的武装力量，史称"元亡而实未亡也，引弓之士，不下百万众也，归附之部落，不下数千里也。资装铠仗，尚赖而用也；驼马牛羊，尚全而有也"。蒙古不断对明朝入犯，迫使明朝调集上百万军队驻守长城一线，才勉强抵挡住蒙古部落的进攻。

　　明成祖时，蒙古分为鞑靼、瓦剌、兀良哈等部落，明成祖曾四征漠北，击败蒙古部落，暂时稳定住了北方局势。明英宗时，蒙古势力再起，不断入侵内地，英宗皇帝御驾亲征，结果导致土木堡大败，英宗也被瓦剌俘虏。瓦剌首领也先挟持明英宗打到北

京城下，北京城池危在旦夕，幸亏有于谦等官员挺身而出，拥立景泰帝，调集各路人马，全力保卫北京，击退了也先的入犯，才避免了北京沦陷，让明朝没有再现北宋末年的"靖康之耻"。嘉靖年间，由于朝政腐败，皇帝崇仙信道，不理朝政，严嵩等官员贪赃枉法，官场黑暗、边防松弛，蒙古部落又不断入犯，边疆一再告急，让明朝调兵遣将，迫于应付。

在北部边境不断告急的同时，东南沿海也出现了日益加重的倭寇之乱。明朝建国后，日本国内正处在南北朝分裂时期，日本政府无力控制各地的封建领主，各地战乱不休。日本南部沿海的一些战败的封建领主、武士和浪人组成海盗集团，开始不断骚扰朝鲜和中国沿海。明初由于战乱初定，国力尚未恢复，朱元璋只好采用消极防御的方针，在沿海修筑防御工事。他曾让汤和等将领从辽东沿海至福建沿海修筑了数千里的防御工事，但仍难以阻挡倭寇入犯。明成祖即位后，对倭寇采取积极反击的方针，在强化沿海防御的同时，不时派水军对在沿海入犯的倭寇进行穷追猛打，并在永乐二十一年（1417）取得著名的辽东望海埚大捷，一举歼灭倭寇两千余人，有效地阻挡了倭寇入犯。此后百余年间，沿海相对平静。直到嘉靖年间，由于朝政黑暗和海禁政策严重失误，倭乱再起，日本封建领主鼓励下属到中国沿海劫掠。当时明朝严厉海禁政策，甚至规定"片板不许下海"，严重影响了沿海地区各阶层人民的生活，在沿海从事海外贸易的一些中国商人、苦于生计奔走海上的农民、渔民以及长期在海上打家劫舍的海盗，也加入到倭寇队伍中。随着地理大发现，西方殖民者纷纷东来，葡萄牙人、西班牙人相继出现在东南沿海一带，又加剧了倭乱的升级。倭寇波及沿海各省，从辽东半岛至广东沿海，倭寇所到之

处，大批人口被杀害，物资财产被抢夺、房屋庙寺被烧毁，甚至古人坟墓也被挖掘，各地的人民群众惨遭蹂躏，苦不堪言。明政府政治腐败，官场争斗激烈、防倭用人失当，再加上沿海卫所普遍瓦解，士兵逃亡严重，沿海防御工事和水军战船如同虚设，海防的薄弱，更加增长了倭寇嚣张气焰，一时间黑云压城。在相当长的一段时间里，明朝对倭乱陷入束手无策的境地。面对严峻的形势和社会各阶层的巨大压力，明朝从嘉靖三十四年（1555）开始调动各地军队甚至少数民族武装投入到东南沿海抗倭一线，明朝将士在各阶层人民群众的支持下，经历了十余年艰苦卓绝的抗倭战争，无数中华儿女抛头颅，洒热血，浴血疆场，终将倭寇平定，捍卫了国家的尊严，戚继光就是这样一位在明朝嘉靖年抗倭战争中涌现出来的杰出的民族英雄。在十余年的抗倭战争中，他先后奋战在山东、浙江、福建、广东战场与倭寇大小战百余次，歼灭倭寇数万人，为抗倭斗争的最后胜利做出了重大贡献。平定倭乱以后，戚继光奉调北上蓟镇，担负起防守北京门户的重任。在这里，他训练数万精锐部队，建立起牢固的长城防御工事，有效地阻挡住蒙古部落的入犯，维护了首都的安全和人民群众的生命财产免受外来的侵犯。戚继光是中国历史上著名的民族英雄，其英雄业绩数百年来一直为后代所传颂。

戚继光像

戚继光

# 一、辉煌的人生历程

## 1. 青少年时代

戚继光出生的年代是明朝嘉靖七年闰十月（1528年11月）。他的家世是一个历代承袭的军人家庭。元朝末年，其祖先戚详在定远参加了朱元璋起义军，立下功勋，后又随明军进军云南，不幸战死。后来朱元璋追授其子戚斌为明威将军，并予世袭登州卫指挥佥事一职。明朝实行卫所制，一个卫有5600人，主官是卫指挥使（正三品），其助手有指挥同知（从三品），指挥佥事（正四品），指挥佥事属于明朝军队中的中级军官。从戚斌起，戚家就常住登州，担负起为国防守东大门的义务，到戚继光之父戚景通已延续五代。

戚景通为人正派，为官清廉，平日喜读兵法书，在军事上很有素养，正德年间，爆发了刘六、刘七

"父子总督"牌坊

农民起义，义军声势浩大，戚景通奉命率卫所军700人驻防邹平县，他在邹平城严加城防，训练军队并击退刘六、刘七军入犯，受到明朝的嘉奖，并升任江南漕运把总，成为押送朝粮的官员。当时官场腐败，陋习很多，朝运官每当押粮到仓库，按惯例要送给管仓官一些好处，否则就会受到刁难，戚景通改变这项惯例，坚决不送礼给管仓官，结果被管仓官诬告账目不清，一度被停职。他的部下张千户与其很要好，看到戚景通受人陷害，职务被免，主动送他300两银子，希望戚景通打点上级，撤销处分，保住官职。但戚景通坚信自己清白，坚辞不受张千户银两，也不去贿赂官员，后来上司查清了戚景通的问题，又让他恢复了官职。嘉靖八年（1519）戚景通任山东备倭都指挥司官员，三年后，又任大宁都司掌印官。他在任上廉洁奉公，受到同事和下级拥戴，当时都司府中缺一名佥书官，戚景通推荐部下安荣担任，为表达感激之情，安荣送给他白银100两，戚景通断然拒绝，并批评安荣说："我是因为你有才能推荐你的，你送这么多礼物，看来是我推荐错了。"安荣听后无地自容，只好将礼物原封不动的带回去。戚景通后又奉命调到京师，担任守卫京师并且是用最先进火器装备的神机营副将，可见朝廷对他是十分器重的。嘉靖十七年（1538）在外地任官多年的戚景通因思念久未见面的老母亲，主动辞去官职，返回故乡。回乡后，以教育子女为己任。戚景通年过半百才有了儿子戚继光，平日里因忙于军务，与儿子接触不多，但对他的教育十分严格，他从内心希望戚继光长大后能继承自己志愿，当一个好军官，因为明朝采取军籍制度，将领之子必须服兵役，高级将领子女可以从低级军官干起，因此努力培养戚继光子承父业去做个好军官，自然是作为父亲的戚景通必然选择。戚景通五十多

## 戚 继 光

岁才得子，对戚继光非常疼爱，但对爱子的要求极为严格，即使是对子女的衣食住行都是如此。戚继光后代编写的《戚少保年谱耆编》中有如下记载，说戚继光年少时，戚景通维修住房只让工匠做四扇雕刻的窗户，工匠们对戚继光说大户人家都做成十二扇雕刻花纹窗户才对。戚继光对父亲说了这件事，父亲告诫他不能贪图荣华富贵，要保住家业，首先要对国家有所贡献，这件事让戚继光很有感慨。另一件事是戚继光在13岁那年，因为戚继光订婚，外祖母送给他一双带有漂亮装饰物的鞋子，他穿着很高兴走过院子，父亲见到就立刻批评他说："小孩子不应穿这样的鞋子，今天喜欢穿好鞋，明天就会追求穿锦绸的衣服，就会追求吃好的东西。如果俸禄满足不了时就会克扣士兵的军饷，以满足自己的欲望，这样你就不能够继承我的事业了。"戚继光听后虽然感到很委屈，但是还是接受了父亲的批评。戚景通虽然查明了鞋子是外祖母送给戚继光的，仍然让他把鞋上的漂亮饰物取下才能穿，从这件事情上也能看出戚景通对儿子的严格要求。

戚景通不仅竭力防止儿子沾染坏习气，还十分注意引导儿子形成良好品德。12岁那年，父亲因修屋子批评他之后，曾问年少的戚继光如何立志，戚继光回答"在读书"，父亲告诉他读书最重要是掌握"忠孝廉节"四字，否则就是白读书了，他还让人把"忠孝廉节"四字贴在新刷的墙壁上，让戚继光时时不忘。戚继光严奉父训，刻苦自学，博览群书，学业大长。15岁时，他就以学业优良闻名于家乡一带。年迈的父亲看到儿子长进，内心十分高兴。母亲张氏在议论家事时曾苦于家中无钱，不知以后如何是好，戚景通指着继光说："这不是钱吗？"对戚继光的期待之心溢于言表。

戚景通平日熟读兵书，刻苦学习，这种精神对年幼的戚继光

也有潜移默化的作用。史书上记载，戚继光从小就显示出军事方面的素养，他经常和小伙伴在一起做游戏，他们和泥巴筑城池，削竹子作为旗杆，裁色纸做旌旗，堆瓦砾为营垒。在游戏中，戚继光充任指挥，指挥着小伙伴们进行一场激烈战争的游戏，结果他指挥的小伙伴们攻防有序，还真有点真正战场上的气氛，让大人们见了也很夸赞。

戚继光从小在军旅家庭长大，胆量也特别大。他曾爬上蓬莱阁的顶端，一手抓着伸出来的木椽子，一手捉椽子缝隙中的麻雀，稍有不慎就要跌入海中，在底下观看的人都提心吊胆。此时突然从椽子缝隙中窜出一条蛇，缠在戚继光的手臂上。戚继光无法使用抓椽子的那只手，只能用牙把蛇咬断，然后抛入大海中，在这一过程中，戚继光面不改色，一点也看不出害怕的样子，让观看到这一幕的人吃惊不已，都认为这个孩子将来可成大器。

戚景通晚年热心边事，终日著述不止，他曾写出如何抗击鞑靼入犯的备边方略，但还没上奏朝廷，一方面是想放置一段时间，以便让这些方略更加成熟；另一方面也想让戚继光看看，对儿子也有点启发，同时也可让儿子进京袭职时代为奏上。

嘉靖二十三年（1544）戚景通已经七十多岁，他自知身体已大不如前，不能为国效力了，他将戚继光叫到面前，让他进京袭职，投身军旅。为了凑够上京的旅费，他还卖掉了自己的一间房子，临行前，戚景通再次告诫儿子，一定要珍惜祖辈几代传下的荣誉，不能让先人蒙羞。戚继光当年已经十七岁，符合袭职条件，但要袭职还要经过考核和各种手续，从登州先到山东巡抚衙门，再到北京左都督府和兵部。一年后，当经过考核合格并袭职返回登州时，其父已长眠于地下。戚继光未能够来得及与父亲见最后

## 戚 继 光

一面，心中十分痛苦，但他没有忘记父亲多年对他的教诲，决心做一个合格的军官，为保卫国家安全奉献出自己的力量。

戚继光生活的嘉靖年间，是一个风云变幻的年代。明世宗朱厚熜（嘉靖皇帝）原是一个藩王的后代，按常理自然无法当皇帝，但明武宗朱厚照死后无子，作为武宗最亲近的堂弟，因为血缘与明武宗最近，朱厚熜才被首辅大学士杨廷和等人拥立为帝。明世宗上台后，立刻显露出刚愎自用的本质，他利用大礼仪，一定要把自己的父母尊称为帝后，入祀太庙，并大肆打击在这件事情上持不同观点的反对派，将杨廷和等一批前朝大臣排挤出朝，重用了张聪、夏言等一批在大礼仪中追随自己的人，造成官员队伍矛盾重重，倾轧不断。世宗上台后为了追求长生不老和永保富贵，开始崇信道教，宫廷内外，崇道之风盛行，愈演愈烈。他先是崇信道士邵元杰，后又迷恋道士陶仲文，赐给他们宅邸和大量的金银财宝，并赠官尚书，加少师、少保头衔。在陶仲文等人诱惑下，世宗一度在宫内专事斋醮，平日不和大臣见面，被一些道士、方士所围绕，这些人抓住了世宗崇仙信道的心理，向世宗献所谓的仙药祥瑞，因而飞黄腾达。顾可学和盛端明二人就因向世宗推荐仙药而先后成为工部尚书和礼部尚书，陕西户县人王金献灵芝181粒，为皇帝祝寿，世宗赏以金币。一时间四方献仙芝、仙龟、白鹿、白兔、白鹊等络绎不绝，一些高官也趁机将此作为巴结皇帝升官发财之道。对于世宗一上台就崇信道教，怠于政事的行为，一些正直之士纷纷上书反对，痛斥道士误国，苦口婆心的告诫世宗信道的危害性，然而世宗不仅听不进这些忠言，而且竟将上书反对他崇仙信道的太仆卿杨最活活打死。并将另外一些官员关进监狱或发配充军，这种高压政策让反对他的人不敢开口说话。

世宗皇帝任人唯亲又崇仙信道，这势必助长了官场中投机取巧和腐败盛行。世宗信道教，长期不理政事，从事道场斋醮活动，需要有人去写青词，因此善于巴结皇帝的官员又要善于写青词，以确保皇帝信任。世宗前期几位首辅多以写青词而讨好皇帝，如李春芳，严讷，郭朴等，其中又以夏言和严嵩最知名。所谓的青词就是在斋醮时用来祭祠天神的表文，多为骈俪体，要用红笔写在青藤纸上，故称青词。夏言就是因为善于琢磨皇帝心理，会写青词被称为"青词宰相"，一度极受世宗信任，但夏言的大权在握，处事独断专行，又引起世宗不满，结果让阴险的严嵩钻了空子。世宗信奉道教要大臣们带香叶冠，夏言认为有失大臣体统，拒而不戴。世宗让大臣们连夜写青词，夏言随意应付，将过去写的已用过的青词献给世宗，也让世宗十分恼火。严嵩趁机加以挑拨，让世宗借夏言支持陕西总督曾铣收复边疆失败之事将其罢免。夏言之后，世宗又任用严嵩为首辅，严嵩自嘉靖二十一年（1542）入阁至嘉靖四十一年（1562）被罢官，在内阁共二十年，其中在首辅大学士位置上前后达十五年之久，他是嘉靖年间任职时间最长的首辅，也是明朝历史上最为腐败的官员之一。严嵩为人阴险，好玩弄权术，对于皇帝百般迎合，阿谀奉承。他抓住世宗喜欢被人吹捧和崇信道教的心理，极力吹捧信道的好处，千方百计揣摩世宗心理，为其写青词，并支持世宗玄修，服仙丹，献吉言。他在世宗面前表现得极为顺从。《明史记事本未》一书对此写得十分形象，说："帝以刚，嵩以柔。帝以骄，嵩以谨。帝以英查，嵩一朴诚。帝以独断，嵩以孤立。脏婪累累，嵩即自服帝前。人言籍籍，嵩随狼狈求归。帝且谓嵩能附我，我自当怜嵩……维持许嵩，且似污帝，帝怒不解，嵩从日固矣。"

严嵩利用皇帝专心修道，长期不理朝政的机会，利用内阁大学士所掌握的"票拟"大权掌握朝政。大权在握后的严嵩卖官鬻爵，贪污受贿不计其数，他将官员按等级分为若干行贿标准，如通判五百白银，管事指挥三百两白银，都指挥七百两白银，一些失职的官员甚至也可以通过行贿严嵩保住职务。如失事总兵李凤鸣送严嵩二千白银，严嵩又让他任蓟州总兵；另一位因作战失利而被罢官的总兵仇鸾也通过贿赂三千两白银而又得到大同总兵职务。严嵩任首辅十余年，受贿无数，他在家乡江西及江苏等地购置良田万余亩，建美宅近万间，他的财产远远超过了当时户部的每年收入。

由于严嵩贪得无厌以及结党营私，严重败坏了朝政。他的儿子严世蕃成为侍郎，家中多人在朝中任锦衣卫、中书等官。他还经常利用主持会试，官员调动、升迁等机会拉拢亲信，在朝中结成强有力的帮派。由于严嵩大权在握，一些官场投机取巧之徒，则趁机对其行贿或大肆阿谀奉承，甚至不惜拜其为义父，以求官场高升。当时拜严嵩为义父的朝廷官员达十余人之多，一些干儿子如赵文华等人就是通过严嵩扶持得到飞黄腾达，官至侍郎。严嵩专权，又加剧了边海防的危机。首先是严嵩等人大肆贪污军费，有些官员在揭发严嵩的上书中说，严嵩执政后，户部发下的军饷，只有十分之四运到边防军手中，另外十分之六进入严嵩之府，甚至严嵩的管家年富也从别人行贿中得到数十万两白银，其他家人的财富之多可以想象，这些贪污的钱，有许多是来自军费，由于军费被贪占，边防军缺衣少食，逃亡严重。卫所官员由于缺少军费，或削减士兵，或变卖卫所土地，又造成士兵大量流失，卫所人数空虚，战斗力大大下降。严嵩当政，只知贪污受贿，结党营

私，对边海防建设提不出有针对性的对策，坐视危机扩大。其次他又任用亲信，排挤打击甚至杀害与己不和的官员和将领，造成将士离心，又使得边海防危机更为加剧，国家出现了内忧外患的局面，并且越演越烈。戚继光就是在这一历史时期投身军旅的。

## 2. 投身军旅

嘉靖二十四年（1545）10月，戚继光回到家乡办好袭职手续后娶王氏为妻。王氏亦为军门之后，知书达理，与戚继光可谓是门当户对，婚后的王氏体贴丈夫，与戚继光相敬如宾，对戚继光在日后事业上的发展起到了重要作用。

第二年，十九岁的戚继光受命在登州卫管理屯田事务，这是一个要同钱粮打交道的官职。他牢记父亲先前教导，坚持廉洁奉公，虽有众多钱粮经过他手，他并不为所动，在任上他还整理屯政，屯务也为之一清。当时明朝中下级官员俸禄低，戚继光家中清贫，但他仍经常告诫同僚，读书人都希望自己能成为圣贤，但要做圣贤，必须要经过"困难拂郁（处境困难决不沉沦）"这一关，假如没有这一关，那么人人都成为圣贤了。正因为有了这一关，有人能抑制私欲从困境中脱出，成为真正的"君子"，而另一些人则过度追求私欲而放纵，成为不为人齿的"小人"。戚继光时常感慨地说，做小人容易，做君子难，但他严格要求自己，坚持廉洁奉公。

戚继光从小家境不富裕，请不起单独的家庭教师，就在乡人梁玠开设私塾就读。这位梁先生学问渊博，为人正直，戚继光受到他很多教诲。袭任官以后，按规定不能单独去私塾念书了，需要车辆侍从相伴，而又因俸禄低，家境负担不起。这位梁先生也

戚继光

为戚继光愿意追随他学习的精神所感动，自愿提出登门为戚继光施教。经过梁玠在文章上的不断教导，戚继光获益良多，更加增强了报国信念，对历史上英贤的业绩始终铭记在心，这始终激励着他锻炼武功，为国效力。他在家中堂前的柱子上刻下一副对联："功名双鬓黑，书剑一囊轻。"表达出要为国家建功立业的追求。通过学习，他在学问上也大有长进，诗词、文章都崭露出才华。在一本读过的兵书上，戚继光用诗歌方式表达出自己保家卫国的志向：

> 小筑暂高枕，忧时旧有盟。
> 呼樽来楫客，挥尘坐谈兵。
> 云护牙签满，星含宝剑横。
> 封侯非我意，但愿海波平。

"封侯非我意，但愿海波平"成为后来脍炙人口的名句。

明朝的卫所军每年都有戍蕃守边的任务，山东各卫所也不例外。从嘉靖二十七年（1548）开始，戚继光连续五年被推为中军指挥官，率山东卫所士兵防守蓟门。在北上戍边过程中，

蓟县太平寨长城

年轻的戚继光发挥了出色的军事组织才能，将队伍训练的井然有序，获得了部众的信服。他在率军北上防守蓟门时，还注意对士兵进行爱国主义的思想教育。一次，他率领部下经过河北迁安县太平寨，登山中南寺向远处望去，风景怡人。当时因为世宗崇信道教，求仙之风盛行，部下有人劝戚继光求长生之术，戚继光不仅坚决拒绝，而且反复告诉部下，作为将领应以报国为长生，如贪生怕死，应为耻辱，不可学习别人如何追求长生之术，"鞠躬尽瘁，虽死无憾，这才是军人长生之术"。

戚继光在蓟门屯防期间，表现出强烈的上进心和对研究军事问题的兴趣。他多次调查蓟门一带的山势、地形和防务情况。他认为蓟门作为防守北京的北方门户，地理位置十分重要，但缺少精兵驻防，调动的士兵驻守时间短，换防频繁，战斗力并不强，一旦遇到蒙古部落大举进攻，缺少精兵强将防守，有可能对北京造成威胁。他认为应该在边境尚未发生战事之前预先做好防备。经过精心考虑后，他写成一份《备俺答策》建议，上奏朝廷。他的这份上奏虽然未能被朝廷采纳，但看过这份建议的一些官员都认为他的这种使命感、责任感及其在策文中显示出来的军事才华是难能可贵和值得称赞的。

嘉靖二十八年（1549）十月，戚继光参加了山东乡试，中了武举人。第二年秋天，他赴京城参加武科会试，在这期间，正赶上"庚戌之变"。当时，俺答部进犯大同，明朝驻守大同的总兵仇鸾害怕与俺答骑兵作战，竟以贿赂方式送给俺答大量金银财宝，让他不犯大同，而纵使俺答军队向东面犯进。于是俺答部于八月十四日进入蓟州，又从古北口西直入密云、顺义，进而抵达通州，逼近京城。一时间京师煽动朝廷紧急征召在北京会试的武举上千

## 戚继光

人及民间义军，协助守军守城。戚继光被任命为总旗牌官督防九门。由于明军护城坚守，俺答军队无法进入北京，在附近大肆掳掠一番后于八月下旬撤离。世宗对这些事件恼羞成怒，处死了兵部尚书丁汝夔和左侍郎杨守谦，而真正纵敌的仇鸾则由于巴结严嵩不仅未加以治罪反而调入北京，升为京军三大营总督。

在"庚戌之变"中，戚继光不仅全力以赴地与其他明军官兵一起护防京城九门，还凭借他前几年戍守蓟门时对蒙古部落的了解，写出了如何防御蒙古部落进犯的方略呈献朝廷。这次他的《防虏方略》经兵部批准刊行并发给守城的官员们加以学习参考，如此一来，戚继光的名字也为朝廷中的一些高级官员们所熟悉。一些官员看了戚继光《防虏方略》后对他赞不绝口，并上书推荐他。称他"才猷房变当政儒将之功，意气鹰扬可望干城之寄"。当时戚继光只有二十三岁，但其军事才华已为很多人知晓。

从嘉靖二十七年至嘉靖三十一年，戚继光每年都带驻山东士兵戍守蓟门，尤其是协助防守北京，让这位青年将领用全部身心投入到保家卫国的事业中。他不仅具备了更加坚定的信念，而且增长了才干，积累了带兵作战经验，受上级好评。当时的山东巡抚王绩上书称赞他"才能出众，骑射兼人。应武围而每多中试，领民兵则颇服众心。勇略独冠群英，志节更超流俗"。

几年的北上戍守经历，也为戚继光日后率军征战南北，积累了丰富的经验。

经过几年率领卫所士兵和民兵在蓟州一带的戍守，极大地提高了戚继光的军事才干和指挥能力，他受到兵部官员以及督抚等地方大员的广泛好评，为戚继光晋升创造了很好的条件。

嘉靖三十二年（1553）6月，朝廷下文任命戚继光为山东备倭

都指挥佥事，戚继光正式进入了抗倭第一线，开始了自己一生中最为辉煌的抗倭战争。

明初，山东沿海是倭寇入犯最为频繁的地方之一。自元朝末年以后，由于连续战乱，海防如同虚设，而这一时期，正是日本历史上分裂的南北朝时期，幕府政权无力控制全国局势，各地军阀混战，战争中失败的诸侯国的武士、浪人与一些奸商勾结，在地方封建领主支持下，不断骚扰中国沿海，尤其是北方沿海。面对这种局面，朱元璋一面积极派人去日本，企图说服日本幕府禁止倭寇。洪武二年（1369），由于倭寇不断入犯山东，他派莱州同知赵秩去日本。赵秩到了九州征西府，见到了分裂的南朝掌权的怀良亲王。怀良亲王曾将刀架在赵秩脖子上进行威胁，但赵秩不为所迫，面对死亡，大义凛然，坚定表达了明朝政府愿与日本发展友好关系，希望日本禁止倭寇入犯的决心。怀良亲王看到明朝使节毫不屈服，只好以礼相待，并放回了被倭寇掳掠到日本的一部分中国人。由于征西府的阻挠，明朝使节未能达到京都，见到北朝统治者，这种外交手段也没能减少倭乱。迫不得已，只好在沿海建立起防御工事，全面抵御倭寇入犯。永乐年间明朝与日本恢复贸易，促使日本幕府镇居倭寇，同时也派水军在海上积极打击倭寇，这种双管齐下的方针，取得了很好的成效，基本平息了倭乱。嘉靖年间，倭乱再起，起因是嘉靖二年（1521）的"宁波之乱"。当时日本大内氏和细川氏两个封建领主均派船到中国进行贸易，细川氏船到宁波后，就向市舶太监赖恩重金行贿，结果赖恩利用职权，热情接待细川氏船而冷落大内氏船，结果引起大内氏船贡使和船员愤恨，他们先是袭杀细川氏船员，继而又杀害前去处理纠纷的明朝官员及士兵，最后纵火烧毁宁波城。明朝以此

事件为缘由，宣布断绝与日本交易，并厉行海禁，这一政策无疑是对沿海地区从事海上贸易的商人和渔民的严厉打击，断绝了他们的生计。一些中国沿海商人从而和日本商人、海盗相勾结，使得沿海倭乱再起。这一时期，西方殖民者也进入东南沿海，他们边从事交易边进行海盗抢劫，这样一来沿海倭乱进一步加剧，永乐末年已经平定的倭乱再一次死而复燃。由于明世宗长期不理朝政，严嵩专权对倭寇没有作出及时的对策和果断的处理，以至于东南沿海倭寇日益严重，从山东半岛至广东沿海，出现了数千里同时告警的局面。

戚继光就是在这一大背景下走上抗倭第一线的。由于在戍守蓟门和保卫京师中他的许多带有真知灼见的提议，为朝廷中众多高级官员所赞许，显示出了真实的才干，嘉靖三十二年（1553）他被破格提升为山东备倭都司署都指挥佥事，实际上担负起指挥山东沿海10卫14千户所的备倭任务。山东沿海有一千公里海岸线，明初是倭寇经常出没的地方，嘉靖年间山东倭寇虽不如浙江严重，但仍不时有倭寇骚扰。与明初相比，山东海防力量已大不如前，由于屯田被破坏，大量卫所士兵逃亡。十个卫人数只有过去的一半，每卫已不足三千人，除去防守京师和屯田兵数，实际上防倭的只有不到一千人。面对如此艰困局面，戚继光上任后首先就是要整顿卫所，裁汰老弱病残，增加新生力量，并及时处理卫所与地方的一些矛盾，增强卫所的战斗力。从现存的一些明代登州卫档案可以看出，当年戚继光在登州卫上做了许多卓有成效的工作，如登州卫千户马纲因患病不能带兵，戚继光于是将他免职。对于继任者，登州卫提出三个人选，三人从资历和能力上看各有千秋，戚继光经过比较后提拔了年轻有为曾受奖励的副千户

继任，激励了一批年轻有为的将士。戚继光在任上还加强了后勤的保障，严禁官员贪污军饷军粮。当时一位百户状告指挥佥事刘世昌贪污军粮款一百多两，影响了卫所官兵薪俸的正常发放，戚继光立即派人对此事进行调查，对挪用银两的官员一律从俸禄中扣除，并以情节轻重分别予以处理。

戚继光在任上严肃军纪，整饬风俗，及时果断地处理了徇私枉法案件。当时登州卫有一些官兵勾结地方不法之徒，私设赌场，聚众滋事，严重破坏了社会风气，戚继光到任后即令巡捕严厉查办，对下面发出指示，如果有地方豪强滋事，卫所难于处理，要及时上报都司处理。由于处理果断，及时刹住了这股歪风。

对于沿海卫所少数玩忽职守的官员，戚继光也毫不留情面根据情节轻重予以处理。登州卫所官吏刘希奉玩忽职守，无顾旷工，被解除职务。戚继光的一个舅舅犯了过错，他也不徇私情，当面下令对其施以军棍。晚上他又到其舅舅家探望，向其说明不得已之处并道歉，这让舅舅深为感动，表示要坚决遵守军纪。部下看到戚继光执法如此不徇私情，对他更加敬重，军队纪律和风气也有了明显转变，卫所战斗力也大为提高。

戚继光在任期间，也参与了一些民事或刑事案件的处理，在处理这些案件时，他也能详查明断，秉公执法，处理问题十分谨慎，并坚决反对逼供。如当时登州卫有一位妇女自缢身亡，其死因众说纷纭，戚继光就让卫上负责治安的官员与地方官配合反复调查，确认是自缢后才加以结案。登州卫曾发生盗窃案，人犯被抓住后，戚继光为防止少数官员邀功心切，诬良为盗，反复要求主办官员切实查证，并在登州卫上报的公文上批示让该卫核查有无官吏拷打犯人逼供的情况。他主张依法办案，既不放过坏人，

也不冤枉好人。这种秉公处事,一丝不苟的精神,也是他深受当地百姓爱戴的原因之一。

戚继光在山东备倭佥事任上,重点是监督沿海卫所官兵训练,军屯以及海防设施的兴建工作。他整顿卫所屯田,补充卫所缺员,积极组织和训练当地民兵以代替客兵,提出以鲁人守鲁土,让民兵吃官粮。民兵除农忙季节参加农业生产外,平时要坚持军事训练,一遇到敌情即可上阵,以便减轻卫所的防御倭寇的压力。

在山东沿海防御工事建设上,戚继光也投入了大量精力。他要求各卫所在自己防御的沿海每30里设一铺(驿站),每10里设一墩(烽火台),以便加强卫所之间的联络,防备倭寇偷袭上岸。戚继光在山东备倭任上两年多时间内,足迹遍及山东沿海。每到一个地方,他都要仔细检查防倭设施,发现损坏的及时加以维修。对于卫所官兵在训练、生活、组织纪律中出现的问题,也不断加以解决。由于戚继光的辛勤工作,山东沿海备倭成效显著,这时期倭寇很少入犯,因此成为当时沿海各省防倭最为成功的地区。戚继光的军事才能也更加为朝廷官员看重,纷纷称他是"良将才"。

## 3. 浙江抗倭

倭寇问题,从洪武年间就一直困扰着明朝政府。倭寇在沿海骚伏,虽然不是大规模入侵,但倭寇入犯时忽东忽西,在某一地方抢掠了人和财物之后,立刻驾船逃向大海,让当时水军力量不强大的明军很难防范。明朝建国后,经济残破,流民众多,朱元璋要把发展生产,恢复经济放在首要位置。因此对于包括蒙古余部和倭寇在内的外来入犯,大都采取防御的方针,并希望通过政

治手段来解除外来威胁。因此，朱元璋统治时期，曾多次派出外交使节到日本，企图说服日本统治者禁绝倭寇，但日本处于南北朝时期，国内混战不休，朱元璋的外交努力并没有取得理想的效果，所以他只好采取在沿海建海防设施的措施，并请出已退休在家的开国元勋汤和领导守卫所官兵在沿海建立数百处防倭的水城、堡垒。当时从辽东沿海到广东沿海，都建立起大量卫所，其中在山东沿海，就建立了安东、灵山、鳌山、大嵩、靖海、成山、宁海、威海、登州、莱州、十个卫和浮山、雄崖、宁津、奇山、福山、胶州等六所；永乐年间至宣德，又建即墨、登州和文登营三大营，这样在山东沿海形成了一个面对黄海、渤海的比较完备的防倭措施。山东防海十卫十四所编制为 63000 人，分为率操军、屯田军和捕倭军。

　　永乐年间，在原始的防御体系基础上，对倭寇采取穷追猛打方针，在山东沿海，负责各倭的官员柳升、昊桢等就多次追击倭寇至朝鲜境内，使倭寇骚扰减少。永乐十九年（1421）明朝又看准时机，将盘踞在辽东望海埚一带的倭寇两千人一举聚歼。至此，明初数十年之倭乱基本平息。

　　嘉靖年间，由于政治腐败，边防海防废弛，再加上屯日制破坏，沿海卫所士兵得不到足够的供给，逃亡严重。明朝嘉靖二年发生了日本通商使船挑起的"宁波之乱"，明政府断绝与日本的贸易并厉行海禁，又加剧了倭乱严重。

　　嘉靖年间的倭寇与永乐年间的倭寇有一个很大的区别是有众多的中国人加入到倭寇的队伍中。因为随着东部沿海商品经济的发展，商人阶层十分活跃，出现了一批经营海外贸易的商人和商人集团，他们在这种交易中获得很大利益。明政府厉行海禁，对

这些从事海外贸易的商人集团形成严重的冲击。他们逐渐形成武装走私，用武力对抗明朝，继而和倭寇相勾结，将货物从中国运到日本出售给日本商人。共同的利益让这些商人转化为奸商。由于他们得到日本封建领主的支持和帮助，大批日本武士、浪人、海盗加入到他们的队伍中，因此出现了以中国商人为头目的"倭寇"集团。嘉靖年间在浙江、福建活动十分猖獗的王直、徐海、陈东、麻叶等都是这类亦商亦盗的集团。

王直是安徽歙县人，少年时家境贫寒，但也养成了一股侠义之风，身边交了不少朋友，他看到当时徽商众多，并发财致富，头脑机灵的他也与乡人叶宗满、徐惟学、谢和以及方廷助等人集资造海船出海贸易，他们将当地的土产以及硝磺、丝绵等运出海外，驶抵日本、暹罗（今泰国）及东南亚地区，并与欧洲人进行交易，因此几年之后致富。他先是依附浙江沿海亦商亦盗的大商人许栋，后来因为明政府严海禁，浙江巡抚朱纨清剿了许栋团伙，王直就成了这个团伙的头领和海商的盟主。另外一些海商首领徐惟学、徐海、陈东、麻叶等人都依附于他的门下，王直势力大增。他又得到日本南部九州一带封建领主岛津氏等的支持，在日本南部建立据点，成为最大的倭寇团伙。

徐海是当时倭寇第二大团伙的领导人，他与王直是同乡，年少时曾在杭州虎跑寺为僧，他的叔父徐惟学也是亦商亦盗的团伙首领。徐海投奔其叔父后又因避海禁逃到日本，得到日本九州萨摩等地封建领主支持后，一些日本海盗、浪人也加入到这个团伙，最盛时上万人之众，是仅次于王直的第二倭寇集团。

王直、徐海原为海商，因为反明政府海禁，从而开始与日本封建领主、武士、浪人等勾结，在海上与沿海地区进行杀烧抢掠，

形成倭寇集团，其性质发生了根本的变化。王直、徐海等人之所以规模渐大，除了有日本封建领主大力的支持以外，与沿海地区大批渔民、农民、流民的加入也是分不开的。一方面江浙沿海地区明朝以来地少人多，而土地兼并尤其严重，大量失去土地的农民缺少生计，或四处流亡，或铤而走险进行反抗，再加上嘉靖皇帝长期不理朝政，政治黑暗，大批无以为生的农民投入到王直、徐海队伍中。另一方面是明政府严海禁，不仅断绝了当地从事海上贸易商人的财路，而且由于严禁下海捕鱼，也断了渔民的活路，也迫使一部分商人、渔民与王直等人相勾结，共同反抗明朝，这样一来，倭寇声势更大，实际上相当多的"倭寇"也并非真正的倭寇，只是由于地方官怕承担守土不力责任而虚张声势，当然也有一部分农民打着"倭寇"的幌子以保护自己的家人免受政府迫害，因此明中期倭乱存在其复杂性，但无论是真倭还是假倭，在闽浙沿海地区的动乱都给明朝造成了巨大压力。

明代中期倭患严重，与沿海海防设施毁坏及海防废弛是分不开的。明初为防倭寇入侵，曾建立起比较完善的海防设施，除了工事以外，还组织了水军，按明朝的规定，福建沿海卫所原有守城军6272只，嘉靖中期仅剩1500人；广东沿海守城军27400名，嘉靖末期仅8281人；山东沿海守城军明初为48160人，嘉靖间仅剩21971人，缺额都在一半以上。战船和水军损失更是严重，大半不存。这种严重废弛的海防，军队逃亡严重，战斗力不足，面对气势汹汹的倭寇，多是束手无策，既不能战也不能防。

明中期倭乱严重，与明政府在御倭中用人不当、连续失误也有很大关系。当时明朝统治阶级内部的斗争尖锐，已影响到抗倭第一线官员和将领的命运。嘉靖三十三年（1554），浙江巡抚朱纨

## 戚继光

严厉执行明朝严海禁政策，镇压在沿海地区与日本人勾结的中国商人李光头集团，处死了李光头等一批不法商人，结果得罪了浙江商人及其在朝廷中的代理人。在朝中一些官员的压力下，明朝以滥杀无辜罪名下令将朱纨撤职查办，朱纨被迫服毒自尽。后来明朝又派张经任总督到浙江抗倭，并取得了一些胜利。但由于张经与朝廷派来督察军务的赵文华不和，赵文华是严嵩亲信，依仗严嵩为后台，向朝廷诬告张经浪费朝廷钱财，枉纵倭寇坐大，不明底细的明世宗竟下令将张经处死。张经抗倭有功，反被冤杀，极大地伤害了浙江抗倭一线将士的信心，使将士无斗志，倭寇更加横行无阻。就在戚继光入驻浙江前夕的嘉靖三十四年五月，一股不足百余人的倭寇队伍从浙江上虞县登陆，竟连犯绍兴、昭安、安徽歙县、绩溪、旌德、泾县、芜湖、当涂、江苏江宁、南京、无锡十余城市，沿途数千里，一路烧杀掳掠，致死致伤百姓1000余人，历经二十多日才被明军消灭。

面对浙江倭寇的严重，被朝廷派到浙江督军的赵文华一筹莫展，几个月内他先后弹劾了两位浙江总督周统和杨宜，让他们当了替罪羊。他又推荐原浙江巡抚胡宗宪为总督，负责浙江地区平倭工作。戚继光来到浙江后，便在胡宗宪的领导下工作，由于戚继光有在山东抗倭的经验，又工作勤奋，给胡宗宪出了不少好主意，于是胡宗宪让他担任参军一职，于嘉靖三十五年（1556）七月担负起了宁波、绍兴、台州三府的抗倭重任。这一地区也是倭患最为严重的地区，倭寇出现十分频繁。上任不久，他就带领守军进行了龙山所战役，打退了倭寇，这是戚继光指挥的御倭第一仗。嘉靖三十五年八月，一股近千人的倭寇流窜至慈溪县，进攻该城东南的龙山所。龙山所是明初所建的一个千户所，也是戚继

光的防地。当时在这一地区防御的还有明朝参将卢镗和游击尹秉恒分别率领的明军5000人，兵力上反超倭寇，但当倭寇发起攻击时，明军互不配合，分别撤退。戚继光率先站在一高处，看到倭寇冲来，他取下所带佩箭，瞄准在前面的倭寇头目连射三箭，射死倭寇头目，稳住了明军阵脚。倭寇见明军有备，只得引兵退去。这年九月，倭寇再一次进犯龙山所，戚继光与俞大猷、谭纶等率明军与敌接战，取得小胜。戚继光、俞大猷和谭纶都是当时抗倭战场上杰出的将领，他们自此时开始了多年的合作，对抗倭战争胜利都做出自己重要贡献。

　　戚继光到任浙江抗倭不久，胡宗宪也采取军事打击和政治诱降方式，企图解决王直集团的入犯。当时王直由于得到日本松浦郡大名的支持，将大本营设在日本平户岛，在此纠结日本浪人不时入犯。胡宗宪派部下蒋洲、陈可愿为正副使去日本见王直，二人持有王直家属所写的信件，信中说他们得到明朝优待，希望王直能向政府投诚。王直对胡宗宪派的使者将信将疑，他提出如能允许他与日本通商，则可以归附明朝；他又让蒋洲留在日本，而让其义子王傲（毛海峰）与陈可愿回国与明朝谈判。在与王直集团谈判的过程中，胡宗宪还利用麻叶、徐海、陈东等倭寇集团的矛盾，分别写信给这些人，在他们之间造成隔阂，互相猜疑，胡宗宪先让徐海擒获麻叶，送胡宗宪处，又收买了徐海身边的两位姿女翠翘和绿珠，让他们劝说徐海擒拿陈东，导致麻叶、陈东部下对徐海十分愤恨，胡宗宪又让陈东给部下写信，让部下攻击徐海以求立功赎罪。嘉靖三十五年八月，当陈东部与徐海部激战之时，胡宗宪趁机指挥明军围攻徐海部，徐海投海自杀，余部被明军全歼。随后陈东部也被消灭。

## 戚 继 光

在消灭麻叶、徐海、陈东等倭寇后，胡宗宪加紧了对王直的诱降，在胡宗宪的一再劝说下，王直于嘉靖三十六年十月率军从日本来到岑港（今定海区岑港镇），他在见胡宗宪之前，先将义子毛海峰从胡宗宪手中要回，并让胡宗宪留下人质在其营中。十一月，王直见到胡宗宪，表示愿意归顺朝廷，胡宗宪也想招抚他，并待其为上宾。但由于王直臭名昭著，各界人士上书朝廷要求将其治罪，迫于朝廷的巨大压力，胡宗宪只得将王直下狱，毛海峰见义父被抓，立即杀害留在营中的明朝官员，盘踞岑港，与明朝对抗。从嘉靖三十七年（1558）二月开始，明军采取南北中三路向倭进攻。北路率先冲入敌阵，但中路和南路明军并没有及时赶到，结果北路明军腹背受敌，失败而返。一直到这年六月，胡宗宪又调集各路明军，对岑港之地加紧围攻，采取轮番攻击战术，又派投降的敌人去倭营离间，招数倭寇内部混乱，最终放弃岑港而撤军。这次战役旷日持久，虽然明军获胜，但未达到全歼敌人的目的，戚继光参加了这一战役，但由于所指挥的军队作战力不强，战绩并不突出，甚至受到降级处分。谭纶深为他受到处分不平而叹息，他反而对谭纶说：自己的功业无法和宋代的名将岳飞、韩世忠相比，处分要比岳、韩二将轻，因而也没有什么委屈的，他这种姿态，许多参战将领都十分佩服。戚继光也不断总结经验教训，从中逐渐体会到了抗倭战争的艰巨性。

嘉靖三十八年（1559）春天，大批倭寇卷土重来，入犯台州府，胡宗宪再次让戚继光复职，与谭纶等人合作出击入犯台州的倭寇。五月，戚继光率军在章安镇与敌激战，水陆并进，大破倭寇并焚烧倭船数十艘。后又有三千多倭寇进犯章安与原先在此的倭寇队伍汇合，再次向明军进攻，戚继光亲自指挥作战，其部下

义士胡元伦挥刀带众兵冒倭寇箭石向前猛攻，亲斩数敌，后不幸中枪而亡。在戚继光部队的猛攻下，倭寇不支，落荒而逃，戚继光挥兵猛追，一举斩倭寇五十五首级，并生擒二倭寇。此战胜后，戚继光又出兵解桃渚之围，并分兵二路向桃渚城的倭寇猛攻，倭寇一部趁黑夜逃跑，此战又歼敌近百，并解救了被掳民众一千余人。大战桃渚之后，又有三千余倭寇窜犯台州，戚继光马不停蹄的率军进入台州，与谭纶共同防守台州城。到台州不久，倭寇利用一个风高月黑之夜偷袭城西门，并登上城墙。戚继光看到情况危急，单身飞马驱入城门，挥剑斩杀偷袭城墙的敌人，其余官兵看到主将亲临上阵，也奋不顾身与登城的倭寇展开激战。倭寇不支，退出城去。天亮后，戚继光严厉追究守城者责任，将玩忽职守、疏于防备的头目斩首，严肃了军纪。

倭寇见戚继光防备森严，攻台州无法得逞，企图沿海路撤退，戚继光与谭纶立即率兵南下，将倭寇撤退的海口堵住，又假意与倭寇和谈，让倭寇船舶停在新河至牛桥一带的金清港中。戚继光与谭纶针对敌情，将明军分为五路，采取西路佯攻，诱使倭寇全力对付西路明军，然后从东、北、南和中路进攻，进攻的明军首先用火铳击退或焚烧倭寇战船，使倭寇失去保护的屏障，倭寇见大势已去，纷纷跳入河中，有数百人被风浪卷入大海，部分倭寇向温岭逃去。明军这次缴获倭寇武器570余件，其他辎重无数，并救出被倭寇掳掠的群众300余人。此战胜利后，戚继光与谭纶率各部明军冒雨追击逃跑之敌，追击至温岭以西的南湾，倭寇依仗地势，凭山据守，阻挡明军攻击，另又准备数十艘船准备逃走。戚继光根据地形，从山南北两面合力进攻，只给倭寇留下一条充满淤泥的小路，由于倭寇居高临下，明军进攻十分吃力。在战斗

## 戚继光

中戚继光与他弟弟继美身先士卒，张弓搭箭，瞄准在山头指挥的倭寇首领不断发箭，箭箭击中敌首领。倭寇见首领毙命，惊慌失措。明军各部奋力猛攻，倭寇阻挡不住，从后山小路溜下山去，正好陷入滩涂淤泥中，被追击的明军围住一阵猛杀，结果此战杀死倭寇279人，生擒2人，解救出被掳的男女百姓300余人，明军则只伤4人。经此两战，入犯的倭寇大部被杀，还有二三百倭寇向乐清逃跑，戚继光又采取穷追猛打战术，在乐清县芙蓉镇追上敌人，歼灭数十人，其余被明朝水军歼灭。

嘉靖三十八年春天，戚继光所指挥的桃渚、台州、新河、南渚等战役，都取得了胜利。这些战役规模虽然不大，但均显示出了戚继光这位年轻将领很高的指挥才干。在战场上，他与谭纶及其他明军将领积极合作，共同御敌。在战斗中，戚继光能身先士卒，亲临战阵第一线，用自己的行动激励起部下杀敌的勇气。在战斗中，戚继光战役布置合理，主攻佯攻明确，包围和追歼敌人决心果断，不达目的，决不收兵。虽然他指挥的部队有明朝正规军、地方军和乡兵，士兵来自不同地区，战斗力也不强，但在很短时期内，戚继光就能加以整顿和协调，并严肃军纪，因此能连续战胜敌人，用很小的代价取得了胜利。

戚继光在台州、温州一带屡屡告捷，这深得其上级官员的好评，作为他的上司，闽浙总督胡宗宪在给朝廷的奏书中高度评价戚继光，说自有倭寇以来，未有如此之数捷大快人心者，此胜利全凭戚继光忠诚朝廷，熟悉兵法，身经百战，勇夺三军，歼灭倭寇，让地方获得安宁。他建议朝廷对戚继光加以重用。另一位在江浙一带坐阵指挥的巡抚、副都御使翁大立也上书竭力赞扬戚继光："功屡建于浙东，名亦闻于海外。"正是由于这些朝廷大员的

举荐，使朝廷中上至皇帝，下至一般官员都了解了戚继光，也为他日后转战浙江，抗击倭寇提供了更多的支持和帮助。

### 4. 创立戚家军

戚继光在浙江抗倭战场上初显身手，取得了几场胜利，获得了朝野一致赞誉，也赢得了浙江台州、温州一带百姓的拥戴。但是戚继光在指挥作战中，发现了军队中存在许多问题，影响了战斗力的发挥。当时抗倭前线的队伍主要来自两部分，一是当地浙兵，二是来自各地的客军。而客兵成分复杂，有两广的狼兵、山东的箭手，湖广、河南的卫所军等武装，他们在浙江自成体系，骄横跋扈，不受节制，甚至互相火拼。由于浙江卫所基本瓦解，浙兵多由乡兵组成，他们受到贪官的盘剥，生活极端贫困，缺吃少穿，打起仗来，甚至武器装备都不全，平时也缺少训练，战无号令，往往遇敌来战先胆怯。这种情况让戚继光十分忧虑。嘉靖三十六年，来到浙江不久，他就向胡宗宪建议，要在当地招募和训练一支新军，但胡宗宪对浙江兵战斗力也很轻视，他对戚继光说："如果浙江人能够训练的话，我早就训练了，还等你来。"对此不屑一顾，戚继光身边的将领和部下，对此建议也不感兴趣，认为抵御倭寇是督抚的责任，与他们无关，他们只要尽力而为就行了。只是在戚继光的一再要求下，胡宗宪才把由兵备金事营设法招募的3000绍兴籍士兵交给他训练。经过一年多的训练，这支部队在嘉靖三十八年的台州新河战役中打了胜仗。但这支部队也暴露了许多问题，主要是军纪松懈、败坏，军官骄横，士兵怯懦，军民关系不和睦等。在嘉靖三十七年（1538）四月一次战斗胜利后，在对将士们记功之时，一个士兵拎着一颗血淋淋的人头前来报功，

戚继光看到这个被杀者双目怒睁，心中纳闷，报功的士兵自称是斩杀了一个倭寇。旁边的一位士兵见此头颅放声大哭，说这个被杀者是他弟弟，并非倭寇。当时还有一个士兵竟然提着一颗十五六岁的少年头颅前来领赏。戚继光得知二人均是杀害老百姓冒充倭寇前来领赏后，下令处死了二人。在新河战役胜利后，戚继光下令士兵追击敌军，但士兵们军纪松懈，不愿追杀敌人，甚至连自己身边的亲兵，也畏缩不前。戚继光只好严肃军纪，处死了那个违令的亲兵，才迫使士兵们奋勇杀敌。还让戚继光不满的是，这支军队成分复杂，虽经过严格训练，但在与倭寇短兵相接时，一些官兵仍胆怯畏惧敌人，甚至贪生怕死，手中的武器随意丢失，丢失的狼筅反而刺伤了自己的战马。针对这样一支军队，戚继光感到失望。因此他多次向胡宗宪等上级提出，希望能亲自招募一支勇敢、剽悍且成分单纯的军队，加以训练后，可以成为一支有较强战斗力的武装。戚继光听说义乌一带的矿工和农民强壮、剽悍，曾在一次与其他地方人的械斗中表现得十分勇敢。戚继光觉得如果把这样一支成分单纯又勇敢好斗的农民和矿工招募成一支军队，再加以严格训练，日后势必在抗倭战场上发挥出极大战斗力。于是他向胡宗宪提出交回自己所带的三千士兵，再到义乌招收一支新军。

嘉靖三十八年（1559）九月，戚继光来到义乌募兵。他首先得到了在义乌很有威信的知县赵大河的全力支持和协助，赵大河与戚继光首先找了当地的头面人物——在当地民间享有声望的陈大成，陈大成也十分爽快，积极动员当地百姓和矿工参军。在招募中，戚继光向大家宣传歼灭倭寇保家卫国的道理。由于宣传鼓动工作做得很好，一时间义乌各乡镇前来参军者人山人海，十分

踊跃。戚继光对征兵者规定了标准，凡是身体羸弱和面相油滑之人一概不取，所选的均是身体健壮、胆量大并且质朴、老实的人。先选择一些有威望的矿工和农民担任哨长或队长，再由哨长、队长选兵丁，将所选士兵分别编队登记，并根据入伍士兵的年龄、体力分别授予狼筅、藤牌和长枪等武器。为了保证队伍的稳定和服从命令，戚继光还委任知县赵大河担任监军。赵大河也积极配合戚继光，这样一来，在很短的时间内，戚继光就组建了一支4000人的武装。

在戚家军的选调、训练和作战方面，戚继光付出了许多心血，首先他提出选精兵重编伍。戚继光在选择义乌兵时，只选乡野忠厚老实之人，尤其把那些经过风吹日晒高大黑壮、身体坚实在田中劳作的农民和矿山中的矿工作为选兵的目标，而对那些油腔滑调，巧言善辩之人和身体弱不禁风之人都在排除之列。在选兵中，他非常看重一个人的素质和精神状态，要求有一颗精忠报国的决心和上战场杀敌的勇气。平时不怕吃苦、战时不怕牺牲，对于武艺精湛者优先考虑选拔。他在义乌招募的数千新兵，基本上都是清一色勇敢健壮的农民和矿工，成分单一，便于指挥。

对于选拔出来的士兵，首先进行编练，也就是戚继光说的"练束伍"，即用严密的形式将队伍组织起来。以十二人为一队，设队长一人；四队为一哨，设哨长一人；四哨为一官，置哨官统领；四官为一总，以把总率领。戚继光自领中军，统率全营。

编伍完成以后，戚继光重点对这支队伍进行训练，他根据浙江地形创立出一种战阵性的"鸳鸯阵"，这种队形每个队分为十二人组成，最前面是队长，紧跟其后的是两个盾牌手，再后是两个狼筅手，再后面是四个长枪手；再后面两个镋钯手，最后是火兵

(炊事兵)。盾牌手持的盾牌是由藤条编成的图形藤牌,直径约二尺多;狼筅手持的狼筅是大毛竹连同枝杈用油煮后做成,十分尖利;长枪手所持长枪约一丈七八尺长,镋钯手所持镋钯重5斤,长七尺六寸,铁头锐利。作战时十二人各有其责,狼筅保护藤牌,长枪保护狼筅,镋钯保护长枪,火兵负责后勤保障,不参加作战,这四种兵器合为一体,因为作战时士兵两两配合,故称之为"鸳鸯阵。"在阵中,他根据每个士兵特点授予武器,让年轻力壮的使用长枪和狼筅,年纪大的使用长牌,年少便捷的使用藤牌,这样做到人尽其才,增强了这支队伍的战斗力。这种武器的特点是强调长短武器配合,能够发挥出一支队伍的整体优势,攻守兼备。士兵一入伍,戚继光就按鸳鸯阵中的位置将他们一一编好,不得随意错乱,违者严厉处罚。这样,这支队伍中每个士兵,每一小队,每哨、每官、每总都有自己确成一气。

在鸳鸯阵的基础上,戚继光还创立了"大小三才阵"和"一头两翼一尾阵"。后一种阵势是在与倭寇作战时将部队分为四个部分,与敌相接最先交战的是"头","头"的两侧为"翼",其后是"尾",头部分正好与敌交战,而两翼部分用来保护头,同时可攻击敌人之侧翼。尾作为后续部队,可以对头或翼予以支援,由若干"鸳鸯阵"组成。这

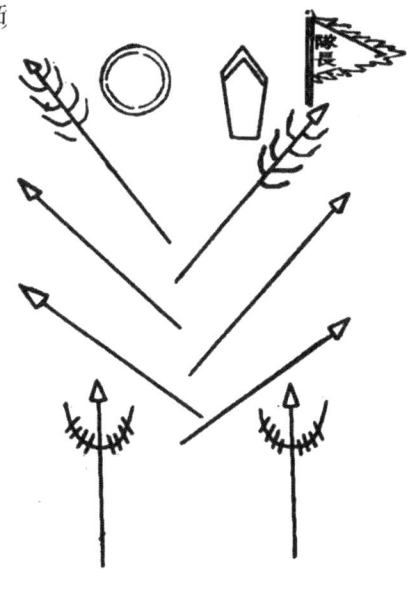

**鸳鸯阵**

种"一头两翼一尾阵",是各支"鸳鸯阵"联合作战,经过不断操练,戚家军整支部队的阵法也不断熟练。在练阵中,戚继光还要求官兵将操场操练与野外操练结合起来,先进行操场演练,在熟悉的基础上走出营房,到野外根据地形进行实战演练,不仅要演练与敌交战,而且也对利用地型设伏兵,如何撤退等,都进行了认真演练,使队伍在与敌交战时做到准备有绪。

在"练束伍"以后,戚继光指导这支队伍进行按号令行止,这就是"教号令"。戚继光想到军队要在战场上打胜仗,必须要严格服从指挥,令行禁止。要充分发挥旌旗、战鼓、号炝、灯笼等的通讯联系作用。他将这支军队的旗帜配以红、黑、青、黄、白五种颜色,代表金、木、水、火、土,分授以中营和前后左右四队。中营以黄旗指挥,其他四军要以黄旗为信号指挥各军进退,另外又用锭鼓、喇叭传达号令,夜间则用灯笼为号。戚继光将各种号令编印成册,发给官兵们学习,要求每个人必须熟记。对于不识字的士兵,则要求识字的士兵们向他们传达,戚继光对这些要求官兵们熟记的号令还经常检查。他采取恩威并施的办法,如果士兵牢记号令,则予以表扬奖励;如果士兵有一条忘记则要被责打一板。他要求士兵演习和作战时必须要看旗帜、听鼓锣行动。戚继光通过这些严明的号令,指挥约束部队,无论是行军、驻营、操练、出征,都能做到纪律严明、步调统一。

在练号令的基础上,戚继光狠抓了这支部队的作战基本能力,这就是"练武艺"。为了保证在战斗中能战胜敌人,戚继光反复向部队成员宣讲提高作战能力的重要性。他告诉士兵们说:"你武艺高,战场上就可以杀敌人;你武艺不如敌人,敌人就会杀了你。"凡是来当兵的,就必须学好武艺。他让士兵学武艺,要结合

## 戚继光

手中各种武器，灵活掌握各种进退，反对士兵出花架子，要学真正的实战本领。他督促士兵们通过锻炼增强自己的体质，经常要求士兵背重东西来练习跑步，保证体魄健康。

为了督促士兵们更好地学习武艺，戚继光还定立了一套完善的考核制度。先考单兵个人步法、手法、进退之法，再进行二人之间的对打练习，凡是成绩好的予以资助，成绩差而又多次训练仍无上进，要受处罚。对于每一个单位（队或哨）也按考核成绩分为若干等级，每一支队伍考核成绩不好，要罚其主官，中级军官要被打10至30下，下级以下军官要被革职。

在练艺方面，戚继光还向士兵们讲授长短兵器要结合使用，持长兵器者要会短用，就是持长枪的士兵将手法和步法合一，可进可退。短兵器长用就是持刀、棍、钯的士兵要讲究方法，执兵器头端，可将兵器拉长，藤牌、士兵要配合长枪，接近敌阵时，先投标枪，趁敌人躲闪之际，猛扑上去，用剑、腰刀接近敌人进行砍杀。在日后的战斗中，戚家军就是利用了这种战法大量杀伤敌人。

在队伍训练之时，戚继光十分重视对这支军队进行思想教育，尤其是爱国主义教育和勇敢精神的教育。在戚继光看来，这就是"练心"和"练胆"。如何提升士兵们的战斗力，他时常向士兵们宣传保家卫国的道理，军队要做到"安乱以为志"，他向士兵们灌输：兵是杀贼的东西，贼是杀老百姓的东西，百姓们就需要你们去杀贼，才会支持你们。他告诉士兵们：你们的军饷都是老百姓所纳之税；你不帮老百姓杀敌，给他们保障，老百姓养你们何用！从思想上让士兵们懂得为谁而战，极大调动了士兵们爱国卫民的士气和战斗力。

戚继光还十分重视对将领的培养。他认为一支军队要有战斗力,首先是带兵的将领要起到身先士卒的表率作用。将领做不好,士兵们自然会效仿。他要求将领们在治军时做到以理喻人心,以诚感人心,以赏劝人心,以罚齐人心的练心方法。要求将领们对士兵要做到像对自己孩子一样,一方面在战场上激励他们奋勇杀敌,另一方面又要在衣食住行方面关心他们,要"饮食为之通,疾病为之疗,患难为之处,甘苦为之同",要时时爱护士兵,为士兵着想,这样才能充分调动士兵的积极性。他十分强调将德的作用,认为一个将领只有品德好,才能将才能发挥出来,真正给士兵起到表率作用。

在对这支招募的军队进行训练中,戚继光十分强调要赏罚分明、赏罚公正。他认为应将赏罚作为一种激励和处分将士的有效手段使用。该赏的不管人数多少也要赏,该罚的不论人数多少也要罚,要一视同仁。应该予以奖赏的尽管这个人与你关系不好,也要奖赏。凡违反军令者,尽管是你的亲属,也要惩罚,这样才能恩威并用,让官兵们信服。奖励让人振奋,惩罚让人听命,可以起到统一官兵行动、收服人心的目的。

正是由于戚继光在义乌所招募的士兵中采取了以上的积极训练,使得这支军队在短时间内形成一支纪律严明、战术性强、兵民融洽、勇敢善战的军队,这就是后来闻名浙闽的戚家军。

## 5. 台州大捷

嘉靖三十九年(1560)二月,戚继光被任命为参将,驻防台州,全面负责台州(今临海市)、金华、严州(今梅城)三处的防卫工作。台州地理位置十分重要,三面靠山,一面临海,海岸线

有五六百里，也是倭寇入犯浙江时常出没的地方。戚继光到台州后，立即给负责浙江抗倭的胡宗宪上书，提出六条整顿措施：一是正名分，要使指挥、千户、百户、旗军丁舍等各司其职，做到号令通行，井然有序；二是惩罚地方贪官，解决士卒贫困问题；三是重建卫所，使卫所各级官员敢于行事；四是严肃军纪；五是厚恤阵亡士兵；六是清查卫所户口，核实官兵人数。此建议得到胡宗宪赞誉，并给予戚继光充分的权力。为了得到朝廷信任和地方政府的配合，戚继光还提出增设兵备佥事一职，协调军队与地方关系。胡宗宪也接受了这一建议，派文官唐尧臣为佥事，担任监军工作。唐尧臣十分器重戚继光并全力协助他工作，戚继光与唐尧臣在日后的工作中配合的十分融洽。

　　在得到上级支持后，戚继光首先进行了整顿卫所工作。由于明中期军队制度的破坏，卫所士兵逃亡十分严重，台州卫所也不例外，军人仅剩原额的十分之三四。戚继光到任后，立即招回逃亡和官府强占募役的士兵一千余人，并征召士兵补齐卫所。对卫所军官进行整顿，裁汰了不称职的军官和老弱的士兵，严肃军纪，理顺了卫所官员与士兵之间的关系，提高了卫所士兵的战斗力。其次他根据台州地理位置，整顿和加强水军建设，他亲自督造了战船四十四艘，根据作战需要，他将这些战船分别建成福船、海沧、艟船三种类型，三种船大小不同，用途各异。其中福船最大，用于海上作战；海沧船小，用于内河港汊作战；艟船用于捞取战利品。戚继光将这三种船配合起来，组成船队，船上装有从西方传入的佛郎机枪和火铳、鸟铳等火器，也有弓箭、刀枪、藤牌、钩镰等冷兵器，既可用于海上作战，也可在内河战斗。这支水军的建立，很好的配合了陆军作战，这就使戚继光在台州的防御力

量得到极大的增强。

除了训练军队，整顿卫所和恢复兴建水军外，戚继光还对台州所属宁海等六县的防御做了精心准备。他在沿海建立用于瞭望的墩堠，每个墩上配备火箭、火铳、白旌、草架，每墩驻士兵五人，一旦发现敌军入犯，白天即以白旌报信，晚上点起烟火，墩墩互传，敌人登陆信息很快就传到戚继光的指挥部，便于立时做出决定。除了在沿海设置预警系统以外，在一些城乡交通要道上，戚继光也不时派出侦察人员带火铳、火绳等埋伏，发现敌人进入后，及时报警，让部队及时准备，不使倭寇有偷袭的可能。

嘉靖四十年（1561）四月，倭寇近二万人乘数百艘船入犯台州的宁海城，戚继光急率一支军队支援宁海城。倭寇见戚继光率军去宁海，分别从桃渚、新河、三地向台州进军，胡宗宪让戚继光首先对付一路，击退后再对付另二路。戚继光和监军唐尧臣、部将胡守仁等经过认真分析，觉得新河一路敌军来势凶猛，危害最大，于是决定先打新河之敌。四月二十三日，戚继光率军隐蔽接近新河城下，猛击攻城的倭寇，倭寇不支，退入城南鲍家大院，明军加以围剿，并用火铳、鸟铳击杀倭寇百余人，剩余倭寇趁黑夜逃走。第二天，戚继光部将胡守仁又率军出击倭寇，歼灭倭寇近百人，解除了新河之围。在新河战役中戚继光夫人亲自带领妇女坚守城池，也极大鼓励了守军的战斗意志。

四月二十七日，在解除新河之围后，戚继光得知另一股倭寇由桃渚向台州城入犯，他立即率兵南下台州。因行军匆忙，戚家军全军只带三天干粮，但到台州时已是第五天，全军将士腹饥难耐，但戚继光得知倭寇已到了距台州府城仅二里地的范镇后，立即下令先歼灭敌人再回来吃饭。他将全军分为左中右三翼攻向范

镇之敌，另外让台州知府王大可率领民兵在后支援。倭寇发现戚家军前来，急忙列成一字队列迎战，戚继光下令先以火器猛轰敌阵，其余军队以长枪，刀剑趁敌混乱时向敌猛攻。其部下一位叫朱珏的士兵挥刀冲入倭寇阵营，连斩七个倭寇，其中包括一个首领。戚继光让把总丁彦部率队攻敌右翼，另一位把总陈大成率兵攻敌左翼，自己亲自指挥进攻中翼，倭寇全线溃败，戚继光追击10余里，斩杀倭寇三百余人，生擒二人，敌逃至新河落水淹死者众多。戚家军缴获武器六七百件，解救被掳民众五千余人；自己仅阵亡三人，以最小的代价取得了一场胜利。此战表现出戚家军勇敢无畏的精神，部队不顾行军疲惫和饥饿，奋勇杀敌，表现出高度的组织纪律性。戚继光指挥果断、勇敢主动，将敌人一举全歼。

五月一日，另一股倭寇约两千人进入台州东北的大田镇，窥伺台州府城。此时戚家军有一部分驻扎新河等要地，戚继光身边指挥的只有一千五百余人，不如倭寇人多。但戚继光仍果断指挥这支部队向敌人出击，他与随行的知县赵大河激励部下以寡击众、奋勇杀敌。戚继光根据倭寇有犯仙居城的意图，选择在台州以西的山区上峰岭设伏，并让士兵用梅杖等挡在身上，以免敌人察觉。五月四日，倭寇大摇大摆地从上峰岭山路经过，戚继光待敌走近，率军突然从山上杀出来，组成一头两翼一尾阵向敌阵中猛冲，倭寇遭遇突袭，仓促向北面山上退却。戚继光一面率军围住山头，一面采取劝降方式，宣布凡是下山者一律免杀。在感召下，有三四百倭寇缴械投降，其余倭寇退入一个叫上界岭的山头。这里易守难攻，戚继光指挥部队用藤牌掩护，躲避倭寇的箭、枪械攻击，奋勇登上山头，倭寇一部被杀，其余四散逃命。一部分逃下山奔

向白水洋朱家大院，以鸟铳、火枪死守。戚家军用火炮、火铳围堵，一押而入，近百名倭寇被杀死，一部分投降。此战戚家军消灭倭寇数百人，缴获武器一千五百多件，还救出二千被倭寇掳走的百姓。凯旋之日，戚家军雄壮军旅浩浩荡荡进入台州，当地百姓出城20里夹道欢迎，锣鼓喧天，欢声雷动。

五月下旬，倭寇一股又聚众二千余人在温岭以南的长沙小镇登陆，准备袭击温岭城。戚继光得知倭寇意图后，立即与部下及知县赵大河等人商量，决定立即围剿长沙之敌。十九日戚家军冒雨进军长沙，当他得知长沙倭寇中有被掳的民众千余人后，立即下令士兵以救被掳百姓为第一要务，为避免伤害百姓，禁止用火器进攻。当晚，戚继光将进攻部队分为三路，分别以三位把总率领从东西北三路进攻，另一路以胡震的水师向东南焚烧倭寇船只，以防倭寇从海上逃跑。第二天清晨，戚家军攻入敌巢，刚睡醒的倭寇大惊失色，想奔路从海上逃走，哪知所乘之船已被戚家军烧光，下海的倭寇正赶上狂风大作，淹死无数。戚家军缴获倭寇武器3200多件，解救出被掳群众1200多人。一股外出掠夺的倭寇三百多人见大营被攻，只得乘船外逃，也被胡震部水军赶上，全部歼灭，并活捉其首领健如郎和五郎等。

台州大战从四月二十四日新河之战，至五月二十六日歼灭长沙之敌，历时一个多月，戚家军连续取得了新河、新街、上峰岭、温岭、长沙等战斗的胜利，共擒斩和淹死倭寇四千余名，解放出百姓三四千人，打出了戚家军的威望。在这几场战役中，也充分展示了戚继光作为一代名将的军事指挥才能。在指挥作战中，他有勇有谋，谋划准确，指挥果断。在战斗中，既有水陆军配合作战，又有伏击战、阵地战；既有平原作战，又有山地作战；既有

军事打击，又有政治攻势；既用武力狠狠打击了敌人的嚣张气焰，又通过政治攻势瓦解了敌军。戚家军在战斗中表现的纪律严明，勇敢善战，爱护百姓的精神，让百姓交口称赞，让倭寇闻风丧胆。倭寇称戚家军为"戚老虎"，纷纷避免与戚家军交手。台州战役，是嘉靖年间抗倭斗争的重大胜利，戚继光居功至伟。他在战役中很好地处理了与明朝上上下下官员的关系，得到了上司胡宗宪的全力支持，也得到了谭纶、俞大猷等友军的全力配合，与地方上的文官如监军唐尧臣、知县赵大河等建立了深厚的友谊。胜利后，他还主动为唐尧臣等文官请功，被传为文武官员团结御敌的一段佳话。

### 6. 福建抗倭

台州大捷，沉重地打击了入犯浙江的倭寇，浙江沿海的倭乱稍有平息。但是福建沿海的倭乱又日益严重起来。自嘉靖二十八年以后，福建沿海就不时遭到倭寇的侵扰。到了嘉靖三十四年以后，倭寇更是不断入犯。由于福建沿海卫所与浙江相似，士兵逃亡严重，海防设施也十分薄弱，已无力抵御倭寇又犯，嘉靖三十七年，倭寇攻陷福建的福清县城；三十九年至四十一年（1561—1563）倭寇频频入犯福建沿海，先后攻占福宁（今霞浦）、福安、宁德等县城。老百姓的财产遭掳掠，房屋被烧毁。福建沿海北起福宁，南到漳州、泉州，频频告急。沿海城市的市面一片萧条，百姓流离失所。福建巡抚游振德见本省军队已无法抵御倭寇入犯，一再向朝廷告急。明朝廷让胡宗宪调浙江军队入闽抗倭，胡宗宪于是下令戚继光率部六千与戴冲霄部二千入闽作战。戚继光遂于嘉靖四十一年七月奉命进入福建，八月一日抵福宁，与朝廷所派

的监军副使汪道昆会合。在福宁，戚继光与配合其作战的明军浙江的戴冲霄部、福建的张岳部、张汉部及参军汪道昆、王春泽等文武官员进行充分的讨论，并制定出了在福建的作战方略。首先大贴告示，采取政治攻势，宣布凡是依附倭寇的人，只要诚心改过，可以得到宽大并赦免他们的过错，争取了数千名依附倭寇之人的回归，也沉重打击了倭寇的军心。其次是派人充分了解倭寇所盘踞的横屿一带地形和潮水等情况，针对这一地区沙滩过多，影响步兵行动的特点，戚继光让士兵准备了大量的草扎成捆，以对付不利地形。最后戚继光让军官们给士兵鼓气，并召开动员大会，坚定信心，激励士兵们打好入闽第一战。

横屿是倭寇在福建境内经营多年的老巢，位于宁德县城东北20余里处，是海中一个小岛，隔十里浅滩与大陆相望。这些浅滩，潮来成海，潮退泥多。用陆军攻打难于涉渡，用水师进攻则船易搁浅。倭寇凭借这种地势，在岛上经营多年，筑城建垒，不时驾小船出海抢掠，并在岛上长期盘踞。

八月八日，戚继光兵分两路，分别由东山铺和蓝田渡向横屿进发，临近横屿，遇到大量泥滩。戚继光让士兵们带上草，一边前进一边用草填泥，军队保持了完整的鸳鸯阵队形。为激励士气，戚继光还亲自击鼓指挥部队进击。盘踞在横屿的倭寇因为有水面和淤泥的保护，不相信戚家军能攻入其阵前，疏于防范。待戚家军已逼近大营前时，才慌了手脚，倭寇首领指挥部下据山上工事死守。戚继光则迅速将进攻部队分成三路，分别从正面侧面和后面三面进攻。戚家军士气高昂，喊杀声震天，从上午战至午后，倭寇不支，纷纷投海，企图逃命，但大多被海水吞没。此役，戚家军仅以阵亡十余人的代价，就杀敌三百四十八人，伤敌二十

九人，另外投海被淹死者不计其数，解救被掳群众800多人。横屿之战，是一场漂亮的歼灭战，尽管战场条件不利因素多，但戚继光在实战中创造出了"负草填泥"的办法，克服了淤泥的阻挠，顺利地进军到敌营，这在军事上也是一个独创。战后，由于与戚继光同赴福建抗倭的戴冲霄，不满己部的战功少，竟然拉起队伍要离开福建。因为戴冲霄作为胡宗宪的亲信，十分骄横，并不把戚继光放在眼中。深明大义的戚继光追了二十里路，才将戴冲霄劝回来，他说服了王春泽、汪道昆二位监军，主动谦让，减少自己所部战功，而为戴部多报了战功，终于平息了矛盾。从这一点可以看出戚继光胸怀宽广，不计较得失，团结友邻、维护大局的高尚品德。

横屿之战后，戚家军受到朝廷通报嘉奖，兵部予以表彰，说戚继光"忠惟许国，勇可冠军"，并给所有参战部队记功。

战后戚继光已完成入闽的使命，本应调回浙江，但监军王春泽和汪道昆都希望戚家军留在福建，继续消灭盘踞在福建的倭寇。汪道昆还直接给胡宗宪写信，说戚继光在福建英勇善战，当地倭患仍十分严重，老百姓都希望戚家军留守此处继续荡平倭患。王道昆的建议得到了朝廷的批准。

当时福清是倭寇盘踞的另一个大据点，汇聚于此的倭寇以及"山寇"有数万人之多，在这一地区，倭寇的据点星罗棋布，势如长蛇阵，绵延三十多里。因为福清也是沿海地区，倭寇盘踞的据点东为福清湾，东南为海，南为兴化湾。北面和西面与大陆接壤，这种地形，便于倭寇在失利时从海上逃遁，也可以各个据点互相配合，夹击陆上来的明军。戚继光得知福清地区倭寇势力大，在接战之前，首先在物质上做好了后勤保障，激励士气；在战前已

开的各部首领作战会议上，戚继光让各位军官以鸡血洒血盟誓，相互勉励，让众将领同心协力，他说："凡不同心戮力，恃势争级、取财与观望、妒忌者，有如此血。"大家将酒一饮而尽，纷纷表示破敌决心。戚继光又根据所侦察到的敌情，将部队分为三路：一路由戴冲霄指挥，由福清南面向牛田方向进攻，是为右翼；另一路由戚继光亲自指挥，率胡守仁等部由福清东南的锦屏山向杞店、牛田进攻，是为左翼。另外，以福建参军候熙、黎鹏举等指挥一支部队埋伏在福清西南的田原岭、上迳等处，阻挡敌军，断敌后路。当戚继光率部向福清进军时，受到当地百姓欢迎，饱受倭寇侵扰之苦的百姓们哭诉倭寇罪行，希望戚继光立刻消灭倭寇。戚继光十分理解当地百姓们的苦衷，但又考虑到百姓中难免混杂着敌方的奸细，故意说："我们军队远道而来，还须养精蓄锐，在短时间内没有进兵的可能性。"倭寇听到这一消息，竟信以为真，放松了戒备。当天夜里，戚家军就以迅雷不及掩耳之势向倭寇据点发起进攻，他预先让所有士兵每人准备一捆草，遇到倭寇挖的壕沟就填草而过。午夜过后，戚继光率军攻入敌据点，先消灭了十余个倭寇的哨兵，把总王如龙用肩托着勇士朱珏、金科，让二人越墙爬进倭巢，把寨门打开，兵士们一拥而入，敌人才从梦中惊醒，来不及迎战，仓皇逃命。戚家军一面斩杀敌人，一面放火焚毁敌营，在很短时间内，杞店之敌便被消灭。回到屏山后，戚继光又得到消息，倭寇要派兵偷袭自己大营，于是立即在敌入进犯必经之山口派朱珏等三百士兵携带弓弩、火器和蒺藜，进行埋伏，并将蒺藜放在路上，迟滞倭寇行动。第二天天刚亮，有一股七百人的倭寇就准备突袭戚家军营房，很快进入埋伏圈，朱珏等人火铳齐发，戚继光随即率大部队赶到，他亲自发炮，把总王

如龙率兵冲向敌阵，敌人仓惶而逃。戚继光随后率军直捣牛田倭寇大军，倭寇急忙列阵应对。此时恰好戴冲霄率部也赶到，与戚家军对敌实行夹击，倭寇不支，四散奔逃。戚继光率军一鼓作气，连破牛田、上所、闻读等倭寇，生擒10余名倭寇，斩首688级，并烧死部分倭寇。在作战中，戚继光树起劝降大旗，凡缴械者不律不杀，瓦解了一部分倭寇与"山寇"。此仗，戚家军还救出百姓954人。在福清地区的倭寇，见牛田倭寇大营已溃败，闻风丧胆，纷纷逃离。这一仗歼敌800余人，自己无一伤亡，但令人遗憾的是担任堵截的部队没有完成任务，让部分倭寇逃脱。

胜利之后的戚家军举行了盛大的凯旋仪式，戚家军的勇士们抬着缴获的大批武器，高唱凯歌，浩浩荡荡班师进入福清城。福建巡抚游震德亲率布政使司、按察使司官员和各阶层人士到城郊外迎接，随后又在演武场大厅为戚家军召开庆功大会，接受百姓们的欢呼、祝贺。游震德还让画师绘出戚继光高大威武的肖像放在祠堂里供奉，以让各地的百姓瞻仰。面对各方好评，戚继光头脑清醒，他十分谦虚地说，打了胜仗，上有总督指挥，中有护军运筹调度，下有各地百姓、地方官粮草接济和士兵们的冲锋陷阵，我自己只是尽了一点力，并不足以报效国家培养，坚决拒绝将其画像供在祠堂中。这种谦虚品质，受到了当地军民和百姓纷纷赞扬。

从福清逃走的一部分倭寇后来又盘踞在莆田东南的林敦，这里既是山地，四周又有大小河流纵横交错，东西临近兴化湾，南面只有一条通往黄石的大道，西北则是山间小路，通向兴化府城，从陆上不易接近，因此也是易守难攻。倭寇盘踞于此后，切断与兴化府城联系的道路上的桥梁，面对南面的大道据险固守，并随时准备船只逃走。九月十二日，戚继光得知林敦有4000倭寇聚集

后，立刻急行军，于第二天赶到林敦，针对林敦地形，戚继光下令把总张谏等部1400人于第二天拂晓从北面占领宁海桥，堵住倭寇继续入犯内地之路，自己亲率主力4000余人从南面黄石大道下面攻击敌人。到兴化后，为了麻痹敌人，戚继光还宴请和走访当地官员和名人，表示暂不准备立即进兵攻打林墩。但到午夜，戚继光立即下令全军乘夜进攻敌巢，以取得迅雷不及掩耳之效果。但由于戚家军所找的向导通敌，故意将他们引入一条泥泞难走的小路，耽误了一些时间，等戚家军接近敌巢时，天已大亮，部队很快为被倭寇发现，失去了突袭的时机，倭寇砍断戚家军必经的小桥，又集中固守桥头。由于地形狭窄，戚家军兵力无法展开，先头攻击小桥的军队已有数十人战死，双方正在激战处于胶着状态之时，从北部进攻的张谏等部赶到，从敌后发起攻击。戚家军终于趁敌慌乱之际冲过小河，逼近敌巢，双方短兵相接进行搏斗。一部分倭寇甚至冲入戚家军后阵，突遭袭击的戚家军有人企图逃跑，在这关键时刻，戚继光果断处死要逃跑的刘武等人，稳定住了部队，并指挥南北两路明军全力攻击敌阵。倭寇不支，军心溃散，只好沿黄石大路向南逃跑，戚继光率兵紧追，全部歼灭了这股倭寇。除斩首960级、生擒26人外，还有数千倭寇被烧死或投海淹死，救出被掳的百姓多达2120人，戚家军仅以伤亡69人的代价，夺取了这场战役的胜利。

　　林敦战役结束后，戚家军班师回到兴化城，听说戚继光对倭作战，大获全胜，整个兴化城老百姓倾家而出，扶老携幼夹道欢迎。每家每户百姓都纷纷献出最好的饭菜盛情款待戚家军将士。戚继光一面代表军队答谢百姓，一面与王春泽、汪道昆等官员祭奠阵亡官兵。几天后，戚家军奉命班师回浙，十月初，再回到福

清城，由于连日作战，军队十分疲劳，戚家军在此作休整，戚继光也因积劳过度而患病。疾病尚未痊愈，福清县百姓又来报告说一股倭寇约三四百人进入县城20多里的葛塘屯据。县令迫切希望戚家军将其剿灭。在进剿行军途中，又得到报告，说另一股倭寇三百人在牛田劫掠，离明军更近，戚继光马上率军扑向这股敌军，一举将其歼灭。这股倭寇头目是一个叫双谭剑的首领，此人剽悍善战，多年横行海上，明军无人能敌，因此在倭寇中颇负盛名。这次双谭剑是应原来盘踞在福清的倭寇之邀，率两艘倭船精锐作为前锋想入犯福州，不想刚登陆就为戚家军所灭。盘踞葛塘的倭寇闻讯逃窜，也被追赶的戚家军歼灭大半。后续而来的倭寇见状都胆怯地说："戚老虎兵至此矣，我等不敢犯浙江，何又来万里外杀我矣。"虽人数众多，但惮于戚家军也不敢轻易入犯。从此，戚继光在倭寇中赢得了"戚老虎"的外号，让各支倭寇队伍谈"虎"色变，尽量躲避戚家军。

戚继光此次率兵援福建，转战千里，取得四次大捷，歼灭倭寇五千余人，并迫使大批倭寇不战而逃。本来戚继光还想寻机在福建歼敌，然而由于连日作战，戚家军也遭到一定伤亡，再加上水土不服，戚家军士兵生病者众多，原来六千人的部队，真正能作战的仅剩三千多人，且疲惫不堪。而据侦察，到福建沿海一带入犯倭寇有万余人之多，如就此现状戚家军与敌作战，缺少必胜把握，因此戚继光想再回浙江，一面休整部队，一面在义乌等地招募二万新兵再入闽作战。他与监军汪道昆商量，汪道昆虽想让戚家军再在福建打几个胜仗，但看到军队已很疲惫，减员太多，也认为戚继光说的有道理。他主动给胡宗宪写信，希望胡宗宪能支持戚家军回浙后进行补充整顿，同时又与福建地方官设宴为戚

家军送行。汪道昆作为文官监军，与戚继光相处十分融洽，在关键问题上都全力配合戚继光工作，两人结下了深厚友谊，此次戚家军回浙，汪道昆暂留在福建。临行时，戚继光将一对十分精致的宝剑一分为二，将一支送与汪道昆，表达了二人浓厚的友谊。

九月底，戚家军班师回浙，自福清返回路上，老百姓纷纷拦住戚家军，希望这支英勇的军队留在当地，经过戚继光再三解释，并保证第二年一定会回来剿灭福建倭寇，才被请求的群众放行。

戚家军路经福州，又得到全城官民的夹道欢迎，当地官员摆上庆功酒，并在山上刻铭石立碑，铭石上记载了戚家军的屡屡战功，铭石上刻有"王师至此，保我妇子，家室伊始，炎方既同，赫赫元戎，奏尔肤功"。表达了福建人民对戚继光和戚家军的高度评价。

十一月，戚继光率军返回浙江。但这时，浙江领导层发生变动。胡宗宪遭到弹劾被逮入京，朝廷委派赵炳然为浙江巡抚。自从戚继光从山东调入浙江后，就得到了闽浙总督胡宗宪的鼎力支持，无论是在浙江抗倭，还是义乌征兵建立戚家军等工作上，都给予了他大力支持。胡宗宪虽然在政治上曾依靠严嵩，并得到严嵩推荐才出任浙江总督，但他与严嵩死党、原浙江巡抚赵文华有本质上的不同。赵文华毫无军政才干，完全唯严嵩之命是从。而胡宗宪有较强的行政和军事才干，善于发现和使用人才，先后设计擒获王直、徐海，平定了这两个较大的倭寇集团。在浙江、福建抗倭战争中做出了较大的贡献。他能重用戚继光也可以看出他善于发现人才和使用人才。胡宗宪获罪罢官，少了一位支持戚继光的上级，不能不对戚继光的心理上带来了阴影。因为新任总督赵炳然对戚继光了解甚少，甚至不积极支持戚继光招募军队和再

入福建与倭寇作战。戚继光也一度打退堂鼓，准备以养病为由解甲归田。他的好友汪道昆得知戚继光有这种打算后，立即从福建写信给他，劝他要以国事为重，作为将军，不能坐视倭寇横行。信中词句感人，戚继光十分感动，坚定了信心。汪道昆和戚继光的另一位朋友，当时任台州、金华兵备佥事的赵大河多方奔走，为戚继光和戚家军进行宣传，赵大河甚至要把自己带的兵拨一半补充戚家军，以便让戚家军保持较强的战斗力。

戚继光回浙后，福建巡抚游震德上书朝廷，高度表扬戚继光功绩，并希望戚家军能协防福建。朝廷于是下令戚继光作为副总兵、率戚家军防守浙江温州、台州和福建福宁、福州和兴化这一片区域。嘉靖四十二年（1563），朝廷下令因戚继光在福建的战功，升任他为署都督佥事，戚继光基于部队防守区域过大，而兵员严重不足，于是向朝廷上《设处兵马钱粮疏》，请求朝廷允许募新兵，加上原部共计二万人。明朝批准了戚继光请求，让他再上义乌等地募兵。戚继光于嘉靖四十二年二月，十六天内在义乌等地募得壮士万余人。

在戚继光驻扎浙江招募和休整军队之际，倭寇又一次大规模入犯福建。嘉靖四十一年末，戚家军班师返浙后，原在福建沿海活动的倭寇看到戚家军离开，十分高兴的说："戚老虎去，我又何惧。"又再次大规模入犯。一支六千余人的倭寇包围了兴化府城（今莆田），福建巡抚游震德紧急向朝廷求援，明朝派广东总兵刘显部驰。刘显部先头部队因人数只有千余人，不敢与围城的倭寇决战，只好派人送信入城，希望城中再坚持一段时间，待他大部队集中后再向倭寇进攻。不想信使被倭寇俘获，他们冒充刘显信使混入兴化城。乘夜打开城门，倭寇攻入城内烧杀掳掠，男女老

幼官民各界人士死亡约万余人；金银、财物、绵帛全部被倭寇抢掠一空。兴化府城是福建当时最为重要的城市之一，也是政治、经济要地，它的失陷，对整个朝廷上下都产生了巨大的震动。朝廷下令解除游震德巡抚职务，仍令其在闽戴罪立功，另一方面又急调总兵俞大猷和戚继光二支军队入闽，与刘显部汇合。戚继光带着刚招募的新兵，来不及加以训练，只能一面向福建移防，一面训练新兵，直到四月初，才到兴化一带。当时倭寇从兴化撤出后，占据了平海卫要塞，有上万人的倭寇队伍依山傍海，筑有工事，以抵御明军。俞大猷、刘显两支部队也有万余人，俞大猷认为明军尚不足以战胜倭寇，因此他除了加强守卫力量，修战壕、挖沟筑垒，防止倭寇进一步深入内地，又以水军巡逻在平海的外海，防止敌人从海上流窜他处；另外他写信给戚继光，希望戚家军迅速赶到，以形成对敌合围之势，聚歼敌军。四月份，当戚家军齐抵兴化后，明军各部已超过三万人，在兵力上超过了倭寇，开始对倭寇采取攻势。倭寇发现戚家军逼近，改变部署，将三千人分驻平海卫附近的许永村，全力防守平海卫，以免战败不支时出逃。戚继光抵福建后，提出首先消灭许永村之敌，夺取平海卫的建议。新任福建巡抚谭纶召集戚继光、俞大猷、刘显等将领合议攻倭寇之策，决定由戚继光率领戚家军担任正面进攻任务；刘显率领本部并开始指挥江西、福建地方军队从左路进攻；俞大猷指挥本部及来自浙江的一部分援军从右路进攻。四月二十一日晨，戚继光以部将胡守仁为前导，亲率大队分三路攻入敌巢。倭寇倾巢而出迎击，并派去骑兵数百人为先锋，当敌骑兵迫近时，戚继光指挥军队放火铳或火枪，敌战马受惊，四处乱窜，戚家军乘机追杀，双方激战。此时，刘显、俞大猷等两路明军分别从左右两

侧杀出，倭寇向老巢退去，明军不给倭寇喘息机会，穷追猛打，只用四五个小时就占领了许永屯，歼灭倭寇二千二百余人。第二天胡守仁部收复平海卫，又歼灭残敌近二百人，此役，戚家军仅阵亡16人，以很小的代价取得了胜利，不仅夺回了平海卫的控制权，而且救出了三千多名被倭寇掳掠的百姓。

平海卫歼灭战是明军各部协同作战所取得的一次重要胜利。戚家军起到了决定性作用，福建巡抚谭纶的协调与指挥，戚继光的作战谋略，戚继光与刘显、俞大猷部的团结协作，以及戚家军作为主力的英勇奋战，都是战胜倭寇，夺取平海卫战役胜利的重要因素。

四月下旬，戚家军班师回福清，路经林敦等旧战场，再次受到当地民众热烈欢迎。当地老百姓得知当年英勇杀敌，解救他们出魔窟的戚继光到来，纷纷捧花献酒跪拜戚继光马前，场面十分感人，百姓们还齐声唱起赞歌，歌词是："生我兮父母，长我兮疆土，生我不辰兮，疆土多故；奠我再生兮，唯戚元辅。于皇元辅兮，允文允武，系我今日兮，汉仪复目者。"从歌词中可以看出当地百姓对戚继光和戚家军的感激之情。

平海卫大捷，声震朝野，福建巡抚谭纶、监察御使李帮珍等官员纷纷上书朝廷，表彰戚继光在福建抗倭功绩，明世宗皇帝在北京特地举行了一次隆重的告谢拜庙的典礼，以庆祝抗倭胜利。当年三月，戚继光以功升为都督佥事，不久又升为都督同知和总兵官，担负起镇守福建全省和浙江金华、温州二府的防倭重任。

在任上，戚继光发现海防废弛是对抵御倭寇不利的一个重要因素，因此，他同福建巡抚谭纶商议，由谭纶向朝廷提出加强沿海海防的建议，包括训练当地民兵，恢复沿海水寨，减缓受倭患

严重地区的百姓赋税，以及戚家军分春秋两班镇守福建等，并得到朝廷的批准。因此，他在很短时间内就恢复了沿海的烽火门、小埕、南日、浯屿、铜山五水寨，每个水寨设战船四十只，兵员一千三百人驻守。戚继光又将常驻福建的戚家军六千四百人分为八大营，每营八百人，分南、北、中三路驻防，以二营驻防福宁（今霞莆）守北路；以二营驻福清，防守中路；以二路驻漳州、泉州，防守南路。另外两营由戚继光亲自带领作为机动力量使用。这样一来，陆上和海上防御力量更加完备，使防御体系也初步建立了起来。

## 7. 仙游之战

嘉靖四十二年（1563）秋天，倭寇一万三千人又先后在福建沿海登陆，这次他们的目标是仙游城。十一月初，倭寇万余人包围了仙游城，此时据守仙游城的戚家军和民兵不足五百人，情势十分危急，因戚家军当时分散各地，一时无法聚集。为避免倭寇立刻攻城，戚继光先采取谋略。他一方面让城中守军加强防守，假意与敌和谈，以拖延倭寇攻城时间，并派在仙游附近的五百余士兵携带火药、火箭等趁黑夜偷偷进城，以协助守军防守。同时，让在仙游城外围的部分军队利用各种方式从外围对围城倭寇进行骚扰，牵制他们不敢全力攻城，他还亲率六百精兵出现仙游城东附近的石马小镇，虚张声势，造成人数很多的样子，准备攻城的倭寇摸不清明军的虚实，只好分出一部分兵力加以防御，拖延了他们攻城的时间。为了全歼进犯仙游的倭寇，戚继光从大局考虑，在仙游外围频繁调动兵力。仙游的南面是惠安和泉州，也是重要地区，为了不让从海上来的倭寇支援仙游之敌，也防止围困仙游

之敌从南方逃窜，戚继光先集中五千多人的兵力驻防惠安和泉州，另外又从兴化调出二千人的部队，阻击可能从东面来支持仙游的倭寇，也切断仙游之敌之东逃之路。因为在福宁也出现倭情，为了防止倭寇对省城福州的威胁，戚继光让都司郭成嘉率部对付福宁的倭寇，让汪道昆与把总陈应朝率部分戚家军驻守福州外围的北岭，以保卫省城安全。除了这些要地驻兵以外，戚继光下令其余福建的明军一律向仙游之敌合围过来，戚继光是想在确保福建主要城市安全下切断敌人逃路，进而全歼围困仙游之敌。在这期间，仙游城双方的战斗也越来越激烈，十二月初六这天，倭寇开始猛攻仙游城，守军凭借着坚固的围墙和高昂的士气坚守城池。这天倭寇架起多部云梯攻上城池，刘君芳、施大全、吴育等戚家军官兵在城池与倭寇奋力作战，刘君芳、施大全在战斗中为流矢所射中，英勇牺牲，但顽强的守军仍把攻入城中的倭寇歼灭。戚继光让城外的士兵放火铳，击鼓呐喊，倭寇以为戚家军主力到，有些惊慌，这时戚家军一支精锐在下级军官李以仁等率领下奋不顾身冲入倭寇攻城队伍中奋力砍杀，并放火烧毁倭寇攻城的云梯，迫使倭寇停止了攻城。而城内的县官陈大尹则率领民众和民团给予戚家军有力的支持，提供粮草、食物，表现出在外患入侵面前军民同仇敌忾的坚定决心。

十二月中旬，戚家军轮休的士兵逐渐赶到仙游，与倭寇兵力大致相当。但倭寇围攻仙游的部队在城外建立了四门营垒，筑工事固守，比较坚固，戚继光认为如果四门同时进攻，自己兵力不足，如仅攻一门，其他三门肯定要来支援，因此他与众将领商议后，决定集中兵力先攻打南门之敌，但派出一部分军队来牵制北、东、西三门之敌，待南门得手后，再依次攻打其他三门。戚继光

决定由守备马如龙和胡守仁为中路，主攻南门外的倭寇营垒；以游击李超率一支军队为左翼向西门外倭寇营垒发动进攻；以把总陈濠率领一支部队为右翼向东门外倭营发动佯攻。另以指挥吕崇周率领一支部队在北门外的铁山虚张声势，以牵制敌军。另外火器部队要随时支援。戚继光要求各军协同作战，并对在明军攻击或攻破南门以后，如东西两门倭寇援军来时如何应对做了详细安排，并要求攻击部队要认真准备，小心谨慎但要速战速决、不贪财、不争功。

十二月十五日，遇大雾天气，戚家军逼迫敌南门大营，此时南营倭寇正竭力夺攻仙游城，戚继光指挥部将胡守仁、王如龙部从左右两路出击围困仙游南门的倭寇。戚家军将倭寇大营团团围住，采用火攻，将倭寇南门大营焚毁，残敌向东西北大门退却。戚继光又指挥全军先后冲入东西二门大营，杀死倭寇千余人，北门倭寇见势不妙，狼狈逃走，明军胜利的解除了仙游城之危，并解救被掳掠的男女百姓三千余人。仙游之围解除后，戚继光乘倭寇惊慌不定，准备逃走之时，又率领部队紧追不舍地加以围剿。嘉靖四十三年（1564）二月，又先后在福建同安县王家坪和漳浦县的蔡丕岭，打了两个胜仗解救出被倭寇掳掠的百姓三千余人，残余倭寇逃入广东境内。后来倭寇知道戚家军的威风，再也不敢入犯福建，福建倭患基本解除。戚继光在平定福建倭患中做出了杰出贡献。

仙游之战是继平海卫之战后戚继光所指挥的可以载入史册的另一个战役，这个战役是由戚继光独立指挥作战，在战争中，戚继光表现出了极其高明的战略战术。在仙游之战中，戚家军与倭寇人数相比，并不占优势，面对仙游城的危急局面，首先戚继光

### 戚继光

灵活调动军队，先派少量兵员进城，与城中守军配合，激励起城中居民和军队守城的勇气，在城四周面对倭寇优势兵力，巧设疑兵，牵制敌人不敢攻城，以待后续部队的集中。其次，在仙游之战中，戚继光能集中兵力打倭寇盘踞之南门巢穴，首先彻底荡平南门敌军，对于可能增援的东西二门敌军先派一部分兵力佯攻，加以牵制。破掉南门敌营后，主力立即与佯攻东西二门的明军汇合，一鼓作气歼灭这两个大营的倭寇主力。彻底解除倭寇对仙游城的围困。创造了一场城内防御和城外救援相结合的成功战例。再次，作为福建总兵官的戚继光，在仙游之战前后有深邃的战略眼光，能从全局考虑问题，既考虑了仙游之战如何破敌，又不让各地倭寇援助仙游之倭，或让仙游之倭轻易撤走。能将手中有限的兵力部署在各战略要点上，既能全力维护省城福州不受倭寇侵犯，又能集中兵力打击入犯之敌，表明了作为一个军事统帅高超的指挥艺术。在福建作战中，戚继光与福建巡抚谭纶配合得十分默契，谭纶作为地方最高长官，他欣赏戚继光的才干，对戚继光十分支持，他赞扬戚继光"妙略神通，官成而志不渝，战胜而机益密""预事而立，好谋而成"。多次向朝廷建议嘉奖和表彰戚继光。戚继光也十分敬重谭纶，主动拥护和配合谭纶的领导。二位可以说是文武配合相得益彰。仙游之战后，朝廷下令表彰谭纶和戚继光二人，为表彰他们在福建御倭战争中的贡献，明世宗亲自赐给每人白银十万两，纻丝二匹以资奖励。

福建倭寇平定后，为防止倭寇再起，戚继光再次对福建沿海防御力量进行了调整，将由他指挥的一万四千名陆军分别布防在福宁、漳州、泉州、连江、福清五个战略要点城市中，又将有一百七十余战船的水军分别布置在浯屿寨、南日寨等五个水寨，与

陆上士兵配合，这样一来，福建防御力量得到了很大加强，倭寇从此未敢对福建形成大的进犯。

## 8. 转战广东

仙游之战后，在福建被打败的倭寇逃入广东境内，与盘踞在潮州的海盗吴平勾结起来，广东的倭寇又严重起来。吴平原为福建漳州人，早年在福建为海盗，又勾结倭寇，势力渐盛。不断与官府抗衡，后又跑到广东潮州一带与在广东沿海活动的倭寇相勾结，不断在广东沿海抢掠商船及商人。嘉靖三十四年（1564）夏天，广东总兵俞大猷率部消灭入犯广东的倭寇后，吴平陷于孤立，假意向明朝投降，被安置回家乡漳州的梅岭镇。由于这一时期明军全力抗倭，对于假意投降的吴平部疏于防范，吴平趁机招纳沿海海盗，流民及少数日本倭寇，聚众万余，并修造战船百余艘，扼守闽粤海上要道，劫掠滨海诸州县。也冲破海禁，与日本及东南亚商人往来贸易。针对吴平势力的再次猖獗，嘉靖四十三年秋继谭纶之后任福建巡抚的汪道昆立即找戚继光，希望他率领戚家军剿平吴平。嘉靖四十四年（1565）二月，戚继光指挥属下水师傅应嘉部击沉吴平船只一百余艘，歼灭其部下三千余人，吴平部退入广东，占据南澳岛，并以此为据点，四下劫掠。南澳岛位居广东饶平南面海中，是与福建交界处。该岛东西长四十余里，南北二十里，岛上有山，岛四周有港湾，可以停泊战船。这里易守难攻，吴平又以此筑土堡，建木栅，造战船，企图长期据守。明朝为消灭吴平部，调戚继光与镇守广东的俞大猷联合进剿吴平。八月，戚继光调兵一万余人，集结战船三百余艘以及大量物资入粤作战。八月十五日，戚家军水师傅应嘉部进抵南澳附近，击沉

敌船五艘，敌军船只不敢在海上与戚家军水军作战，全部退守港口。为防止吴平部逃窜他处，戚家军水师载石沉船块堵塞了南澳港，兵船环列猎屿和辇猪、竹栖等小澳，封锁南澳岛。

南澳虽被戚家军封锁，但要一举荡平吴平部，实属不易，因为从水路进攻，敌极易防备和阻击，必须出其不意攻入南澳岛，才有获胜的希望。九月十六日，戚家军主力在柘林集结，戚继光乘小船出海，亲自察看南澳地形，决定将登陆点放在敌军防守不严且地形较为平坦、便于大部队运动的龙眼沙一带，并对渡海和登陆进行了周密的部署。戚继光将登陆部队分为左中右和老营四路，每路一支船队，船中挂不同颜色的旗帜，以便识别和配合。为保证战役的胜利以及可能遇到的困难，戚继光还要求每队带足够的武器和粮草。

九月二十二日，戚继光率领部队登上南澳岛，首先巩固登陆阵地，修建木栅城防备吴平部反击。第二天，二千余敌军前来挑战，终不敌戚家军勇猛冲杀，弃甲而逃。二十五日，吴平亲率精锐三千余人从岛中心正面反击，戚继光下令曹南全、金科等五位将领分率五路士兵迎敌，双方激战，戚家军杀死五百余敌人。戚家军又散发传单，劝告吴平部下弃暗投明，放下武器。在军事打击和政治攻势下，吴平部军心动摇，失去战意，吴平只能退入山中老巢，依仗土城木堡负隅顽抗。九月二十五日，广东总兵俞大猷率广东军队的三百余艘战船赶到南澳，二部汇合，明军士气大振，双方召开作战会议，共同制定出水陆两种作战议案：水路由俞大猷统帅广东、福建水军分别堵住敌人逃往广东或福建的水上通道，同时指挥广东饶平和福建诏安等县官调集乡兵民团，严守沿海各处，协助水军，擒拿逃敌；陆路由戚继光亲自统帅的军队，

将陆上攻击部队分为左、中、右三支，分别以指挥曹南全和把总金科、胡世等指挥，分别进攻吴平山中大营，另留一路以指挥吴京率领，堵截其他地方，防备吴平部对老巢的支援。部署完毕后，戚家军继续准备。由于风浪大，战役延误了几日，直到十月五日凌晨，戚继光指挥中军首先在吴平大营附近的辇猪澳处登陆，直扑吴平大营。左右两军也对吴平大营两侧的后巢，大围据点猛攻。吴平率部下退到木城堡垒，指挥部下竭力拼杀，但禁不住戚家军三路攻击。吴平军被杀和投水、坠崖者众多，吴平大营也被焚烧。吴平依靠熟悉地形，带八百人分乘四十艘小船从海上逃窜，俞大猷立刻令汤克宪部水师和戚家军傅应嘉部水师追击，又击沉敌船十八艘，歼敌百余人，残余之敌数百人向潮州方向逃去。此役，戚继光、俞大猷两部明军共歼敌六千余人，解救被掳民众近两千人，吴平部几乎被消灭殆尽。战役结束后，戚继光又率军进入潮州，追击吴平残部，吴平又败，逃入雷州、廉州，俞大猷也指挥水军追击，嘉靖四十五年（1566）春，吴平部在逃往安南的海上被明军全歼。

南澳之战，是在抗倭史上继平海卫大捷和仙游大捷后的又一次大捷。在战役中戚继光部署周到、指挥坚决，在面对不利作战环境时，指挥登陆并攻占敌巢，都表现出他高超的作战艺术，也是戚继光与俞大猷两位抗倭英雄配合作战的一个典范战例。在战役中，戚继光指挥陆军，俞大猷指挥水军，配合十分默契，几乎一举全歼吴平这股实力不小的海盗武装，是继平定浙江、福建倭乱之后又一次平定广东倭寇与海盗，并为最后平定倭患做出了巨大的贡献。广东海盗倭患的平息，预告了明中期嘉靖年间平倭战争已取得最后胜利。为表彰戚继光在抗倭战争中所建立的丰功伟

绩，明朝廷于嘉靖四十四年（1565）在他的家乡登州城内为其修建"父子总督"和"母子节孝"两座牌坊。至今这两座牌坊依然完好无损的屹立在戚继光故居旁，向后人展示这位民族英雄不平凡的业绩。嘉靖四十五年初，朝廷又任命戚继光兼管广东惠州和潮州二府并兼管神威营。因此戚继光所管辖范围包括福建全省及广东惠、潮二府及江西南安、赣州二州等地，已超出了一般总兵的权力。这种情况明代也很少见，可见当时明廷对他的倚重。直到嘉靖四十五年十月，他才卸下广东防务重任，专管福建的防御。从嘉靖三十四年到四十五年（1555—1566），戚继光率军转战浙江、福建、广东三省十二个年头，组建了举世闻名的戚家军，取得了对倭寇作战数十场战役的胜利，换来了东南沿海地区和平安宁的局面，戚继光无愧为中华民族的英雄；抗倭战争胜利后，各地人民纷纷为戚继光和戚家军建牌坊，庙堂等纪念设施，以让后世永远记住他的贡献。戚继光和戚家军英勇抗倭的故事在浙、闽、粤各地广泛流传开来。

## 9. 防守蓟门，保卫北疆

嘉靖四十五年（1566），随着东南沿海倭乱的最终平定，东南沿海地区又恢复了和平安宁的局面，北部边防重新成为防备外患入侵的第一线。第二年，穆宗皇帝继位，改年号隆庆。新上台不久的皇帝立刻下令调戚继光到蓟门长城一线统军担负起拱卫京师的重任。隆庆元年（1567）八月，基于南方已经平静，工科给事中吴时来向皇帝上书，希望调两广总督谭纶、总兵俞大猷和戚继光等抗倭名将来北方训练边兵，强化北部边防，也就是在这一年，蒙古俺答部又进犯大同、朔州等地，土蛮进攻蓟州、昌平，京师

一度戒严，在徐阶、高拱等内阁大学士的力荐下，谭纶被调任蓟镇总督，调戚继光总理蓟州、昌平、保定练兵事务，第二年，改任蓟镇总兵官。

戚继光调任蓟镇之时，也是隆庆初年朝廷力图改革的一个体现。隆庆年间，其内阁首辅大学士先后由徐阶和高拱二人担任，他们都是在政治上颇有建树的大臣。徐阶（1503-1583）松江华亭人，嘉靖二年（1523）进士，后担任浙江按察佥事、国子监祭酒等职务。嘉靖三十一年（1552）任礼部尚书并进入内阁。他性格敏锐，足智多谋，在严嵩为首辅时，对他既拉又打，但都被徐阶巧妙化解，两人明争暗斗。徐阶在长期的官宦生涯中很注意保护自己并得到世宗的信任，处事待人也比较宽厚，因此在朝廷官员中也很有威望。嘉靖四十一年三月，他发现世宗已对严嵩疏远，于是就指使御使邹应龙弹劾严嵩父子，不久就让嘉靖皇帝以通倭叛乱罪除掉严世藩，并将严嵩罢官，徐阶担任了内阁大学士。徐阶胸有城府，为人比较宽厚，在朝廷中任职多年，很有威望。嘉靖四十五年十二月，世宗去世后，他起草遗诏，宣布为世宗朝受严嵩迫害的官员平反昭雪，罢除各地贡献，停止斋醮等扰民举动。他也十分重视边防建设，认为"国家之事，所当忧者，莫急于边防，调动粮草，供应边军"，加强边防防军的训练，并力主将在南方抗倭有功的谭纶和戚继光调到京师来。

高拱继徐阶以后担任首辅大学士。高拱处事果断，对国计民生问题也有很深刻的认识，他性格刚直，恃才傲物，与同僚关系时常不和睦。嘉靖末隆庆初，徐阶与高拱分别为内阁首辅和次辅，但二人经常争执，关系势同水火。隆庆元年（1567）五月，得到徐阶支持的京官上书弹劾高拱，高拱因此被罢官。隆庆二年徐阶

遭言官弹劾去职后，高拱重回内阁，担任首辅大臣。高拱对边防问题也极为重视。他重视对军事人才的选拔工作，提出要在地方官中选拔懂军事的人才担任兵部官员，他还主动缓和与蒙古部落的关系，积极促进隆庆和议，逐渐缓和了与蒙古的紧张局面，因此他也积极支持了戚继光在北部边防的工作。

隆庆至万历年间，对戚继光影响最大还是张居正及其进行的改革。

张居正（1525—1582）字叔大，号太岳，湖广江陵人。嘉靖二十六年进士，进入翰林院任庶吉、编修。嘉靖四十三年又担任翰林院侍读、裕王府讲官，张居正长期在皇帝身边工作，学识渊博，勇于记事，并与各方面关系相处融洽。

隆庆皇帝在位仅有六年，在此期间，由于徐阶、高拱以及张居正等内阁大臣富有成效的工作，还是取得了一些成就。其中之一是与北部蒙古部落缓和了矛盾。隆庆五年（1571），明朝利用俺答的孙子把汉那吉投奔明朝的机会，册封俺答为顺义王，其子弟及其他蒙古贵族各封其职，并同意与蒙古进行互市和正常贸易。俺答也表示不再入犯内地，西北部边境开始有了一段和平的局面。之二是放宽了海禁政策。倭寇平定后，沿海地区的商人又一次提出要与外国正常通商，明朝看到中外通商已是大势所趋，开始采取缓和的海禁政策。自隆庆二年起，每年允许八十八艘国内商船交纳商税后出海贸易。万历初又扩大到允许每年一百一十艘出海贸易。虽然仍限制中国商人出海后不得与日本贸易，但已在一定程度上缓和了商人要求出海贸易而对政府施加的压力，对于稳定东南沿海局势也起到了一定的作用。

隆庆皇帝在位虽然只有不到六年的时间，他上台后也有懒惰、

贪财好色的一面，但他能任用徐阶、高拱、张居正这样颇有才干的官员，并支持他们改革，因此隆庆年间政局还算是平静。

　　嘉靖末和隆庆年间，徐阶和高拱在内阁斗争激烈，但都拉拢张居正。张居正有太子老师这张护身符，又与宦官保持了良好关系，在内阁中也是左右逢源，因此他在朝中拥有很大的势力。徐阶去职后，高拱再回内阁，不久就排挤了首辅李春芳，成为首辅大学士，后来高拱又得到张居正支持，挤走了另一位大学士殷士儋，到隆庆六年（1572）隆庆帝去世前，内阁中只有高拱，张居正和高仪三人，隆庆帝将三人作为顾命大臣，让其承担起辅佐继任皇帝的责任。但隆庆帝死后，万历帝即位不久，内阁就起了变化，张居正与高拱矛盾开始激烈起来。二人原先关系很好，高拱二次入内尤其是任首辅后，仍十分怀恨当年徐阶排挤自己，千方百计要加以报复。徐阶家乡地方官依高拱之意状告徐阶抢占民田，令其交出，并将其儿子治罪。徐阶为此事求张居正，张居正又向高拱求情。恰好此时又有人向高拱揭发张居正接受了徐阶所赠的三万两白银，才来为徐阶说情，高拱信以为真，为此事指责和挖苦张居正，迫使张居正对天盟誓，高拱才相信有人造谣，但此事让张居正对高拱心存不满。神宗即位后，冯保取代孟冲成为司礼监掌印太监，然后又借皇帝遗诏，要司礼监与内阁共同秉政。冯保与张居正关系密切，两人经常在一起商量事情，高拱恐大权旁落，首先要除去冯保。他让一些给事中上书弹劾冯保，冯保则与张居正密商罢免高拱。当时高拱和冯保都拉拢张居正，但老谋深算的张居正认为如和高拱联合除去冯保，自己仍在高拱之下，而如除去高拱，自己可成为首辅。因此他站在冯保一边，冯保抓住在穆宗死后，高拱因担心太子过小而说的"十岁太子如何治天下"

## 戚继光

一句话，到皇太后和万历皇帝生母李贵妃面前挑拨说高拱认为十岁孩子无法担当皇帝重任，这让皇太后、李贵妃和神宗大为不满。因此，立刻下令罢免高拱首辅职务。让张居正继任首辅，另一位大学士高仪不久病死，这样三位辅政大臣只剩张居正一人。他得以大权在握，随后在皇太后、李贵妃和冯保等人的支持下，进行了轰轰烈烈的改革，也称之为万历新政。戚继光在万历新政实施过程中也得到了张居正的全力支持，成为这场新政的受益者。

张居正的改革是明朝一场全面和深入的改革，体现在政治、经济、军事及行政各个方面。在政治上，张居正提出十二字方针，就是"尊主权，课吏治，信赏罚，一号令"，其中政治上改革的重点是整顿吏治，他认为吏治不清，贪污腐败是导致社会矛盾的主要因素。因此他提出要严格对各级官员进行考察，无论是吏部，还是地方官员，都要以治民好坏为标准来考察官员。为了更有效地让各级官员推行朝廷政令，他制定了"考成法"，他将六部、都察院等部门每个时间段内所应处理的问题放在三个文簿中，一本放在六部，一本放在六科，一本放在内阁。每完成一件事，就划去一件，由地方上报六部或都察院，六部都察院核实后，再报告六科，六科核实后再报告内阁。这就让内阁监督六科，六科监督部、院，部院监督地方抚按，最后权力都集中在内阁首辅张居正手中，因此内阁的决议可以很快的贯彻执行。对于执行不力的官员则加以训诫或罢免，既起到了政令通达的作用，又能发现和使用人才。

在经济方面，他是以富国为要领进行改革。推行了著名的"一条鞭法"。从嘉靖年间开始，由于土地兼并剧烈，不仅造成了农民起义不断，阶级矛盾加剧，而且朝廷税收入不敷出。隆庆年

间每年支出白银达四百万两，但收入只有二百余万两。财政危机不断加重。张居正看到了经济危机的严重性，也认识到了土地兼并是导致国家赋税难收的症结所在，于是在万历元年（1578）下令清丈全国土地，把一些地主豪强不纳税的土地以及农民为避税挂名在豪强手中的土地全部清理出来，成为纳税土地。接着他又在清丈全国土地基础上推行一条鞭法，主要内容是：将各地田赋和徭役一律改为征收白银，将部分丁税纳入地税中去征收，力役由政府统一雇人承担。这种改革的好处是或多或少的减轻了无地少地农民的负担，并且减少了官府和乡绅借税收对农民的额外盘剥，在一定程度上缓和了农民与官府的矛盾，同时也增加了国库的税收。由于税收改征银，白银在市场上流通加快，也促进了商品经济的发展。农民可以交银代徭役，对封建官府的人身依附关系也有所减轻，这样对于农民向城市流动，投入到手工业和商业领域中去，也是有好处的。因此，可以说张居正一条鞭法除了增加国库收入以外，也适应了明中期以来东南沿海地区资本主义萌芽发展的需要，是适应时代发展潮流的。

张居正在军事上的改革主要宗旨是强兵，就是增强国防实力。在倭寇被平定、海防缓和后，张居正把边防看做是加强军事和国防的最重要的环节，北部边防自明初以来一直是明朝的薄弱环节，并且对北京威胁极大，由于屡屡遭蒙古部落入犯，正统年间甚至连英宗都被鞑靼俘虏去。因此，张居正掌权后，对北部蒙古部落提出"外示羁縻，内修战守"的对策，首先缓和与鞑靼等蒙古部落的矛盾，采取通互市的办法让蒙古部落从经济上得到好处，以保持边境安宁。同时加强边防建设，派出最得力的将领驻守蓟镇、辽东、宣大等重镇。如派戚继光驻守蓟镇、李成梁驻守辽东，王

崇古驻守山西，赋予他们大权，不轻易调动，让他们熟悉所带部队和边防情况，便于与敌交战时指挥自如。同时为表示对这些地区重视，从朝廷派出重臣去巡视，对守边的将领和地方官加以监督和考察。如万历初，张居正先后派兵部左侍郎汪道昆视察蓟辽，派兵部右侍郎吴百朋视察宣府、大同、山西三镇，另一位兵部侍郎王遴视察陕西，他们视察后都向内阁提出了一些建议，也给对张居正加强边防建设提供了依据。张居正在改革中有恒心、有魄力，做到了大事独揽，小权分散，并且用人不疑。在对戚继光的使用上，当时朝中有个别官员提出戚继光长期在南方作战，怀疑是否能担当起北部边防的重任，但张居正认为经过长期战争锤炼，戚继光在北部边防是完全能够有用武之地的，因此对他始终坚定不移的予以支持。

　　隆庆元年冬天，戚继光接到朝廷调令后，离开了征战多年的福建。戚继光在闽浙战斗了十几年，对这块土地有深深的眷恋，对战友、士兵也有着极为深厚的感情，临行前，他依依不舍地告别战友，并在阵亡士兵的亡灵前进行悼念，表达献身为国的坚定信念。

　　在返回北京途中，他又在杭州见到了在闽浙奋战多年的好友，当时遭弹劾后被解职回乡的汪道昆。汪道昆与戚继光促膝长谈，既谈到过去的友谊，也告诫他在新的环境里应负起重任及小心谨慎应对政治局面。戚继光也向汪道昆说及北方御鞑靼的难处，如鞑靼人数多，防线长，可能随时入犯；另外鞑靼是骑兵，机动性强；再是北方各镇划地而守互，相配合差。可见戚继光对防房已有深刻的认识。另外汪道昆还向戚继光介绍当时在江浙的两位山东名人李攀龙和王世贞，戚继光与这两位文坛才子饮酒赋诗，抒

发了自己未来的抱负。隆庆二年初，戚继光在蓟州上任。对于这块地方，他是非常熟悉的，年轻他曾经数次带领卫所士兵来此戍守，并熟知这里地形，也曾给朝廷写过建议。戚继光最早的军事才干，也是在戍守蓟门期间培养出来的。他曾将西北边防与东南海海防状况做一比较，提出北部边防面临着五个方向的困难，归纳起来就是：

第一，倭寇入犯，虽然出现在不少地方，但人数并不多，最多不过二万人，而鞑靼骑兵能聚集几万人甚至数十万人，并集中在一个地点上。而北部边界长达数千里，明军兵力分散，如鞑靼集中全力攻一点，则能很快进入内地、威胁到北京。

第二，倭寇登陆后，基本上是步军作战，战斗在五步之内，是近距离搏杀，而鞑靼是骑兵，行动快速，与防倭相比更难阻挡。

第三，在抗倭战场上，明军兵器可以发挥作用，但在北方，明军在地理位置上常处下风，火器不利于施放，也难以奏效。

第四，倭寇由于受海上季风影响，来去有一定的时间，便于掌握和布防，而鞑靼来去不定，活动规律难于掌握。

第五，北方各边镇，遇敌时互相观望，人心不齐，号令不一，而对入犯之敌，无法统一布防和反击，也严重削弱了整体防御能力。

应该说，戚继光对北部边防状况了解的十分透彻。为了对付鞑靼入犯，他提出组建一支骑兵、步兵和车兵相配合的部队，车兵用于御敌，步兵用于应敌，骑兵用于追击逃跑的敌人。这是他根据北方地形、敌军活动特点而提出的不同兵种联合作战的设想。

隆庆二年（1568）正月，戚继光向朝廷上《请兵破虏四事疏》，对于北部边防御敌之事提出了一套完整的方针。这篇奏章的

中心是：

一、希望招募10万新兵，练成"节制之师"，再以这10万训练有速的士兵为基础，分别培训九边之兵和京营军队，创造一支在北部边防上的有生力量。如果无法提供10万士兵，就先训练5万士兵，也能抵挡住鞑靼，使之不致大举南犯。

二、对于士兵的来源，应由地方官分别招募当地的农民，一来便于管理和教育，二来可以防止逃跑。他还提出对于招募的士兵最初可以分散到地方加以训练，等到训练有了初步成效后，再调到北京附近集中训练。然后再把这些训练好的部队分配到九边去，以训练九边士兵。为了更快更好地把兵练好，他还建议把久经沙场的浙兵调1万人来作为骨干，以便更好地带动新兵训练。

三、对于军队所需的粮饷，他建议从练兵的省份应解到京师的钱粮中拨发，这样做既免除了军中缺粮之患，又省去旅途解运之劳。军队所需要的各种器械，不必完全仰仗于工部提供，可以让各省分别制造。

此外，他还建议授权给负责募兵和练兵的地方官，让他们放手去做，别人不要任意去指责或阻挠，当赏者赏，该罚者罚，做到赏罚分明。

在这篇奏章中，戚继光倡导积极防御的方针，着眼于整个边防布局，他不主张消极防守，以为那是下策，他提出要建立一支机动部队，将战守二者结合起来，才能更加完善北部防线。但是戚继光这一建议并没有让朝廷很快采用。当时朝廷内部不同派别之间的斗争很激烈，一些掌权的内阁官员听信谗言，担心戚继光掌兵过多，以致权力太大，所以没有让他立即上前线，而是先让他留在北京，担任神机营副将。神机营是京师三大营之一，设副

将二人，每一副将仅率兵六千余人，而且京兵成分复杂、队伍松懈，无法进行正常训练，这让很想有一番作为的戚继光深感失望。

为了实现在北部边防练成一支精锐部队的设想，戚继光在北京期间多次向朝中大臣游说和呼吁。三月，他还特意写了一篇《请兵辩论》的文章，文中他两次向朝廷强调征兵10万的重要意义和车、骑、步兵种联合作战的思想，仍想以此打动皇帝和朝中重臣，实现自己的主张，但这种意见被朝中当权者以为是求望太过。实际上是当权者对戚继光心存疑虑。尽管戚继光在御倭战争中做出重大贡献，并在长期的实践中忠于皇帝并无二心，但是让一个将军掌握防守首都北大门精心训练的十万精兵，对于皇帝和一些大臣而言，其威胁性不亚于鞑靼的入犯。他们害怕戚继光成为尾大不掉、难于控制的军阀，对朝廷统治形成威胁。因此尽管戚继光建议十分正确，但是朝中响应者寥寥无几。

三月，明朝升任谭纶为兵部侍郎兼都察院都御史总督蓟辽、保定军务。谭纶上任后很快向朝廷提出了三条建议：一是练兵三万，建立三大营，做为机动部队；二是建议戚继光负责练兵事务；三是调浙江鸟铳手来协助防守。谭纶的建议与戚继光主张有相同之处，不过只是练兵的规模要小的多，因此这个建议很快为朝廷批准。五月，戚继光被任命为总理蓟洲、昌平、保定练兵事务，节制四镇，权力和总督相当，但实际上所能指挥和训练的军队，也只有蓟镇的三万人，募兵之议也没有落实，原先准备训练10万军队的计划只能缩减为3万；原先以攻为主的战略也只能改为以防御为主。蓟镇的军队由于长期缺少训练，士气低下，战斗力不强，武器装备也不好，另外蓟镇地近京师，朝廷掣肘甚多，如果

不给他便宜行事的权力，则很难统帅这支军队。因此戚继光上任不久，就写下《定庙谟以图安攘疏》《七原六失四弊疏》等奏章，对边防、练兵等提出了一系列的设想和建议。他用事实阐明了蓟镇之兵虽多亦少的原因，妨碍练兵成效的弊端等。他指出边事问题的想法"不在边鄙，而在朝廷，不在文武疆吏，而在议论掣肘"。他要求朝廷采纳他的意见，允许他专事负责训练军队，而不要从中阻挠。

戚继光的上疏得到了内阁大学士张居正及谭纶等人的大力支持。张居正是一个高瞻远瞩的政治家，他十分重视北部边防，也深为赏识戚继光的军事才能，说戚继光如今在今将帅中，诚为稀有。让他兼任蓟镇总兵官，又把阻挠和反对戚继光的人调走。另外，他还多次给戚继光写信，提醒他一些应该注意的事项，在谭纶升任兵部尚书后，担任蓟辽总督的刘应节等人都是张居正所信任和倚重的官员，他们也给了戚继光全力的支持。

谭纶是戚继光在闽浙前线的上级和多年朋友，他同戚继光的友谊十分深厚。他不仅要求朝廷将戚继光调到蓟镇练兵，而且在蓟辽总督任上也积极支持了戚继光的工作。正是由于这些文官的全力支持，才让戚继光的军事才干在蓟镇御房任上得到了有力的发挥。

戚继光做为蓟镇总兵官，上任以后首先提高了北部边防的防御地位。明初蒙古各部落退据漠北以后，不断入犯，对内地形成威胁，其中尤以鞑靼威胁最大。明朝对鞑靼等部入犯基本上是采取以守为主。嘉靖年间，总督翁万达、杨博先后修治宣府、大同一线的边墙，并建造烽堠墩台，大大加强了北部边境的防御力量。与宣府、大同相比较，蓟镇一些险要地区的边墙虽在嘉靖时也经

过一些修缮，但并未筑台。边墙由于经费短缺，修的质量不高，天长日久，有许多已倒塌，无法有效抵御蒙古部落的进犯。在蓟镇，不仅防御力量薄弱，而且离京师近，历届总督与巡抚、巡按之间经常意见相左，互相牵制，没有制定一个具体的防御计划，防御工事也无法巩固。戚继光上任后，针对这一问题，全力加以改进，他经过一段时间大量实地走访的调查，并深思熟虑后，采取了下列措施：

（一）加固长城，创建空心敌台

在蓟镇长城上，为防御蒙古部落，曾建立各种砖石小台，但这些小台在实践中防御价值并不高，既不能掩护士兵出击，又缺少放置贮存军火和兵器的地方，只能当做瞭望哨使用，一旦敌军登高发箭，台上守军也难以固守。大同、宣府在修缮边墙时，也曾改造过小台，而改筑高台，可以贮藏士兵和武器。戚继光在谭纶的支持下，也采用这种办法，于隆庆三年（1569）初，二人分别向朝廷上书，提出修建空心敌台的建议。

戚继光设计的空心敌台与原先的砖石小台大不相同。这种空心敌台高三丈或五丈不等，周围十二丈至十七八丈不等。台基与城墙持平，向城外突出一丈四五尺，城内突出五尺余。这种空心台共有三层，中层是空的，四面开设箭窗；上层建楼，四面是垛口，用于防备敌军进攻；下层可以发射火枪攻击敌军。在长城上根据地势险要程度，或数十余米，或一百四五十米，最多二百余米，建成一台，各台之间相互声援，每个空心台一般常备士兵十名，设百总一名，负责攻守；台边、台副各一名，专管台内军器和粮草；五台设一把总，十台设一千总。每个台上都贮备必要的火器的弹药和粮草，在两个台之间又有五六十个士兵防守，在敌

台之下另有驻守部队，作战时可以和守台士兵相互配合，守台的士兵们平时可以在附近屯田，以解决军粮问题，战时则全力防御。

这种大规模建空心敌台，由于历史上前人并没有过实践，因此也遇到不少困难，戚继光经常带着随从在崇山峻岭中勘查地形、画出草图。为了鼓励将士们修好空心敌台，戚继光还

空心敌台

采取了一系列的奖励措施。他将已修好的台进行评比，最上等的赏银五十两，二等的赏银四十两，三等的二十五两，并通过树立典型，以此来调动士兵们修台的积极性和创造性，他甚至让带领卫所士兵到蓟镇防守的弟弟戚继美在密云西北筑起七座空心敌台。由于戚继光连续数年不懈努力，到隆庆六年（1572）第一期建台工作完成，在蓟镇、昌平二镇共建台1206座，戚继光又上书，要求再建二百座敌台，此建议得到朝廷批准。第二期工程自万历九年（1581）初起，加上第一期工程，在蓟、昌二处共修空心敌台1448座，这些敌台紧密相连，形成一道十分坚固的北部防线。

戚继光所修的空心敌台倚长城墙边而立，台基上一层为空心，便于贮藏武器、人员，上层建筑呈小楼状，四周有垛口，可以打击敌人。由于地势高，敌人箭很难射到。敌台周围还建有铺房，供守台官兵休息。敌台全部用非常结实的砖石结构建成，十分坚固，至今依然保存完好。包括汪道昆等朝廷大员到蓟洲巡视时都对此赞不绝口，高度评价戚继光所建台既坚固耐用，又节省开支，工程完美。

在建筑空心敌台的同时，戚继光还不断整修边墙。他将蓟州管辖范围东起山海关西至六连江共计一千七百六十五里的边墙（除了陡峭难行的山峭外）都进行了维修加固。另外对边墙的附属设施如垛口、悬眼等进行了改造和维修。对墙外山坡进行改造，让山坡更陡峭。在墙外还建壕堑、沟坑，在边墙和敌台内侧建立军营，原则是有敌台处就台为营，无敌台处依山险建营房，紧急情况下军人可据营以守，以防敌人骑兵或利用云梯、钓竿等进攻。

（二）积极练兵、建立多兵种配合作战机制

在戚继光驻守蓟镇前，防守蓟镇一线的明军将领多依赖边墙进行消极防御，既不练兵，也不敢与蒙古骑兵交锋，多采取消极避战。戚继光否定了这种单纯防御的消极办法，采取积极防守。

由于朝廷没有采纳他募兵训练的建议，戚继光只得对蓟镇现存的军队进行训练。这里的官兵一向没有受过严格训练，军纪松弛，行为散漫。针对这种情况，戚继光一方面加紧整体训练军队，一面奏请朝廷，希望调一些经过抗倭考验的南方军队北来蓟镇，作为军队中的骨干和表率，为蓟镇军队训练提供示范作用。这个建议为朝廷所采纳。隆庆三年（1569）春天，戚继光在抗倭时的部下胡守仁率领在抗倭一线受过实战的三千浙兵抵达蓟镇。这支军队到达当天，天空忽然下起倾盆大雨，浙兵们站在郊外，从早晨到中午，虽然个个被雨淋的浑身湿透，但丝毫不动，军容十分严整，以实际行动给蓟镇镇守军上了生动的一课。蓟镇守军看到浙兵表现，大为惊骇，才真正了解到了戚继光治军的严格。在日后对蓟镇边军的训练中，戚继光又淘汰了一批不称职的庸劣军官，对那些平常自由散漫、不遵守节制、违反纪律的军官和士兵，也是按章处理，毫不留情；对于训练认真、战绩好、进步快的军官

和士兵，则给予表彰、奖励并加以晋升。经过一段时间的有效训练，蓟镇边军官纪律和战术都大有起色，再也没有敢于违法违纪的官兵了。

戚继光上任之初，以筑城、建空心台为主，交叉练兵，由于士兵分散，每月抽出一定的时间，进行"小操"、"分操"，待空心御敌台修建大体结束后，便过渡到以操练为主。针对蓟镇所防御地区的地理位置和地形特点，戚继光制定出了车、步、骑多兵种配合作战的新战法。因此，他首先建立起了车营部队。戚继光所建的车营，就是指用装有火器的战车所组成的部队。这种战车是"行则以车为阵，止则以车为营"，根据敌情，决定战车行动；敌营进攻，可用车上火器轰击；与敌对峙，可用其做为屏障防守。戚继光到任后，立即上书朝廷，要求组成战车营，他的这种主张得到了兵部尚书谭纶的大力支持，谭纶还特别推荐了俞大猷，希望将他也调到北方与戚继光共同建造战车营。俞大猷虽未能如愿调到北方，但他还是查找历代战车图式，制成若干战车模型送给谭纶，希望其能加以参考。

隆庆二年，戚继光上任不久，朝廷即拨银四万六千两给他制造战车。经过几年努力，到隆庆六年（1572）戚继光建造了12座车营。

车营分为轻车营和重车营，分别配置128辆和216辆车，每辆车上架有两架火炮，有20名士兵。除操作火炮外，士兵们还配有鸟铳、镋钯、刀剑，将16部战车列为一司，设把总一人；四司为一部（64车），设干总指挥；二部（128车）为一营，设营将指挥，每营还有指挥车、大火炮车、火箭车，共有官兵三千多人。

这种车营在军事防御上威力十分强大，128辆车组战的一车营列成方阵，可以防备敌骑兵和步兵进攻。每部车上装有佛郎机火炮两门，全营有256门，再加上大炮、火箭、鸟铳，火力也十分强大。在冷兵器时代，用如此强大火器对付蒙古部落以马刀装备的骑兵，优势还是十分明显的。

车营建立后，戚继光又将它与步兵和骑兵互相配合，结合蓟镇所处地理特点和鞑靼骑兵突袭的惯用方式，制定出了车、步、骑兵多兵种配合作战的新战法。这种办法是以经过训练的步兵一支、骑兵一支，合步、骑、车兵为一营，由两辆车兵配上一队骑兵（36人）；每营车兵（3109人）配上每营骑兵（2988人）。每营骑兵火器有虎蹲炝60门，快枪430枝，鸟铳432杆，火箭12000余枚；再加上每营车兵火器，即有大炮8门、虎蹲炮60门、佛郎机炝256架、鸟铳944杆、火炮432枝、火箭12000枚，形成一支强大的火器。当敌人进攻时，先以火器杀伤敌人的大队骑步兵，再以车营内骑兵出击追杀敌人。在车步骑营之后，还建有专供后勤运输的车辆辎重营三座，每营有大车80辆，每辆士兵20人，计1600人，所载粮草可供一万士兵三日之食用。

（三）加强官兵团结协作，训练实战能力

在车步骑营建立后，戚继光加紧对这种集体兵种进行训练和协同作战演练。

为了训练好新组建的军队，戚继光写出了《练兵纪实》这本作为教材的著作，分发给所训练的各部士兵和将领。在这部书中，首先是对将领的训练，戚继光认为每个将领都指挥多少不一的部队，只有先训练好了将领，才能有效地训练士兵。他提出每个参加训练的将领都要首先做到"同舟共济，舍身报国"，要树立起战

胜鞑靼入犯的坚定信念；其次要求精心训练，掌握兵法，学好武艺，这样才能在战场上指挥士兵战胜敌人；要求每个将士都要理论结合实际，多读书并将书中所学的内容结合到实战中去，不要只图虚名，不要纸上谈兵，而要成为一个真正的指挥官。

再次是要每个将领谦虚谨慎、忠于职守，要虚心学习，做好分内的事，不妒忌他人才能，抢夺他人功劳为己有。处事勤奋，凡一天做完的事一定要做完。最后是要求将领诚实守信，严格要求自己，同时对士兵要宽容大度。对于军中纪律，要求士兵做到的自己必须要做到；对于违反军纪、重大过错，要加以严惩；对于小过错，要先教育，后惩治。将领首先要讲诚信，对于军中号令，不可一字苟且，要赏罚分明。要爱护每一个士兵，作为一个将领要有容人之量，只有平时爱护每一个士兵，战时才能调动士兵积极性，团结作战。

对于士兵的训练，戚继光首先强调是练心练胆。练心就是在政治思想上向士兵们灌述为什么当兵，为什么打仗。向士兵们宣传打仗是为了保家卫国，不可贪图功名利禄，要让士兵们知道，士兵是由老百姓供养的，要时刻为百姓着想，保护老百姓利益，不可做危害百姓之事。练胆，就是提高士兵们的士气，树立起勇敢必胜的信念，即使在战斗中遇到挫折，也不可泄气。在士气的培养上，他要求将领要做出好的表率，才能激励士兵们勇敢杀敌，戚继光注重练胆气要赏罚并用、恩威并施，二者缺一不可。用恩爱的感召力使士兵树立起坚定的信念，任何艰难都不会让他们动摇，该奖赏的不论是有旧仇新怨的人一定要赏，该罚的就是亲生儿子也要处罚，这样达到让千万人听命的目的。

在军事训练方面，戚继光紧抓了技艺、号令和营阵训练，尤

其是各种兵种之间的配合作战训练，这种训练包括单兵训练，如骑兵熟悉阵形、鸟铳和火箭兵要熟练施放火器；车兵要熟悉不同地型战车的摆放；步兵和辎重兵要熟悉如何出击和运送物资。

在单兵训练的基础上，戚继光重点抓了不同兵种的合练和配合作战，尤其是车步骑营的合练，包括各兵种行军、安营和遇到敌人进犯时如何出击；如何最大效果发挥不同兵种作用而不致引起混乱。如在骑兵训练上，戚继光首先是对骑兵防守的训练，在敌人进攻时，骑兵先以火器和冷兵器加以防守，有效的杀伤敌人，在敌人退兵时，则以骑兵快速冲向敌阵以取得最好效果。在车步骑合练上，主要是针对车步骑兵的配合上下工夫训练。如何行军，如何安营扎寨，作战时骑兵与车兵如何配合，戚继光通过训练让将领们和士兵们熟悉作战要素和鞑靼部队的作战特点，并根据敌军特点进行有针对性的进攻和防御。

（四）改进武器装备，重视火器推广

在武器装备方面，戚继光在蓟门练兵的同时，还不断改造和研制一些新式武器，如明中期以后，西方火器如佛郎机火炮、红夷大炮开始传入中国。戚继光看到了这些西方兵器的长处，积极为部队装备这些西方火器，他说"虏马远来，五十步内外，不过弓箭射我，我今有鸟铳快枪，火箭、虎蹲炮、佛狼机，均远过木箭，狠过木箭，中人多过木箭，此当五种挡他箭，请君思之，孰胜孰败"。戚继光重视使用火器但并非一味照搬外来武器，而是不断根据地形、气候等特点对这些外来武器不断改进和创新，如在佛郎机火铳的使用上，原先是装药后要下木马，再装铅弹，戚继光将它改为不装木马，直接装铅弹，用铁制凹心将铅弹装入火铳内，这样就比过去的火铳节约了装弹药的时间，同时又射的更远。

## 戚继光

戚继光还将引进的佛郎机火枪和中国传统的火枪相结合，造出一种称之为"无敌大将军"的火炮，一门大将军火炮配置三个子铳，可以连续击发，火炮覆盖面有二十余丈远，对付敌人骑兵可以大规模予以杀伤，并且这种炮也可以用于车载，行动方便。

戚继光军营中还有一种根据中国传统火铳加以改造使用的武器，有前后两爪，长约二尺，形同虎蹲，称为"虎蹲炮"。炮身在发射时加以固定，一支火炮可发射一百颗子弹，对付敌步兵和骑兵都很有效果。

火箭是戚继光在蓟镇部队常用的武器，戚继光所改进的火箭不同于其他部队火箭，一个显著特点是形态长（约五尺以上），体重大（2斤），超过一般火箭（长1尺，重3两）。有效射程可达二百米，发射时其声如雷，无论击中人与马，都是致命打击。戚继光在火器方面还研造了一种叫做"钢轮发火"的地雷自动引爆装置，无论人马，一旦踏上，这种埋在地下的雷就会引起地雷连环爆炸，可以给敌人以很大威慑。

除了火器以外，戚继光也十分重视冷兵器的改进和革新。对于弓箭、长枪、腰刀、藤牌、狼筅、镗钯等武器，在东南沿海抗倭战场上戚家军用的十分得心应手。到了北方后，戚继光又根据当地地理地形及对手进行改造，如在一般火箭上将扣箭的指机加以改进，箭头用上好钢，可以不卷刃，专门对付敌人骑兵和盔甲部队。

对于击打敌人的大棒，则在棒头上加以改进。用上一鸭嘴形装到棒头，既可以击打，又可以刺杀。

从武器装备上看，戚继光在蓟门所训练的军队，装备是当时明军最好的武器。从明朝中期以后，从西方所传入的火炮和火铳

应该是当时最先进的武器。明朝军队虽然已有所引进，但数量极少，主要武器装备还是传统的冷兵器，但戚继光所训练的部队中，每一车营就有西洋火炮4至8门，佛郎机火铳256杆，还有512杆发火药的鸟铳，其火器装备甚至远远超过了当时的京营（每营有火枪120杆）。戚继光还在步兵里建立了火器队，每一营2160名士兵中，使用火器的有1080名，占了一半，火器在军队中大量使用，使得军队战斗力大大提高。另外戚继光又将各兵种有效地加以结合起来，使得火器的作用更加发挥到极致。蓟镇练兵任上，充分展现出戚继光作为军事家的卓越才干。正是由于戚继光所训练军队的强大和战斗力，使得北部边防在隆庆、万历年间十分牢固，北部边境出现了平静的局面。

当时在北部对明朝构成威胁的主要有蒙古鞑靼部、朵颜三卫和土蛮，其中鞑靼部威胁最大。嘉靖年间，鞑靼不断入犯。嘉靖二十九年（1550）曾一度攻入京师附近，大肆掳掠一番而去。嘉靖三十一年，鞑靼俺答两次大举入犯辽阳和大同，抢夺了大量的财物。到了嘉靖三十八年，俺答的儿子辛爱率兵又攻入玉田、蓟门一带，京师震动。负责防御的蓟镇的总督王忬，因此被下狱处死。嘉靖四十二年（1563）秋天，辛爱再率鞑靼军南下，大肆攻入顺义一带，京师两次戒严，事后蓟镇总督杨选也因失职被处死，这是五年内被处死的第二个蓟镇总督。鞑靼目标主要是对准山西大同一带，但蓟镇也是目标之一，其入犯声势浩大，动辄上万人至数万人，成为明朝北面边防最危险的对手。

土蛮的势力主要是向辽东入犯，其规模不及鞑靼大。但从嘉靖三十五年至四十二年，数次入犯辽东，隆庆元年（1567）又入

犯蓟镇所属的昌平、抚宁、卢龙等地，给这一带百姓生命和财产造成了很大的危害。

朵颜、泰宁、福余三卫是明初就内附的蒙古部落，作为明朝的隶属，他们表面上始终维持着与明朝的关系，但由于他们和鞑靼、土蛮来往也比较密切，因此从明初期开始他们就时叛时服，有时候勾引鞑靼及土蛮入犯有时候受到鞑靼及土蛮侵犯也与明朝联合。嘉靖年间，朵颜部比较强大，其酋长葛兰台及继承人董狐狸等也不断对蓟镇进行骚扰。

在戚继光在任期间，鞑靼俺答和土蛮并没有对蓟镇形成威胁。其原因有两个方面：一是畏惧戚继光的练兵，隆庆四、五年间，俺答和土蛮曾想联合进攻昌平和遵化等城，但知道蓟镇军队增强，因此未敢进犯；二是从隆庆五年（1571）起，明朝与俺答展开谈判，并达成合议，封俺答为顺义王，其余部下也各加封官职，这样，俺答开始采取与明朝友好政策，不再入犯，这种状况一直延续到万历年间。土蛮虽然也觊觎蓟镇，但由于戚继光在蓟镇的军备过于强大，始终未敢与戚继光进行正面交战，而是不断入犯辽东。当时辽东虽有名将李成梁镇守，但防御设施和军队战斗力并不如蓟镇，因此，万历年间，戚继光还两次率蓟镇兵支援辽东。一次是万历七年（1579）十月，土蛮部小王子五万余人进犯辽东，戚继光奉命率领蓟镇部队出关协助李成梁作战，大败土蛮，并追击数百里，重创敌军。第二年，土蛮又以十万人的队伍两次攻入辽东锦州、义县等地，烧杀掳掠，给当地老百姓带来了很大的灾难，戚继光再次率军出击，土蛮不支退走。

在蓟镇驻守十余年间，真正与戚继光作战的还是朵颜部落的军队。隆庆三年初，朵颜部首长董狐狸进犯青山口（河北迁西）

被戚继光击败。万历二年（1573）董狐狸又进犯河北抚宁的拿峪，戚继光再次率军堵截，朵颜军初战失利，未敢再大举入犯。

万历三年（1575）正月，长昂、董狐狸及其弟长秃，再次率军进犯董家口关（今河北迁西）。戚继光率军迎敌，活捉长秃，长昂部慑于戚继光兵力强大，不敢入犯，长秃部亲属要求归顺朝廷，长昂和董狐狸也上表谢罪。三月，戚继光亲临喜峰口接见长昂，同意他们归顺朝廷，长昂释放了被俘的明军官兵，并进献贡马等。戚继光代表明朝政府欢迎他们归顺，并释放了长秃等被俘朵颜首领。长昂对天表示永远内附明朝，不再入犯。自此以后朵颜部也没有入犯蓟镇。

戚继光在蓟镇任上前后长达十六年之久，从作战上讲，由于没有遇到大规模的战争，他并没有取得在闽浙抗倭战争中那么辉煌的成就，但是他训练出一支装备精良，极有战斗力的边防军，修建起绵延数百里坚固的防御工事，这样一系列富有成效和切实可行的措施，使得边备整齐，边境平安，从而达到了《孙子兵法》所倡导的"不战而屈人之兵"的战争中的最高境界。后来继任的驻守蓟镇将领，大都保持了戚继光的预定方针，蒙古部落至明末始终未敢大举入犯，从而使得蓟镇保持了数十年的平静局面。因此可以说，戚继光在蓟镇所做出的贡献与在闽浙前线抗倭同样巨大。

由于戚继光防守蓟镇的贡献，万历年间，朝廷晋升他为太子太保、左都督，后又加封为少保，戚继光也达到了他人生事业的顶点。

## 10. 谪调广东，晚年凄凉

从隆庆初至万历十年，戚继光在蓟镇发挥了卓越的才干，为

## 戚继光

明朝防守住北京的门户做出了重要贡献。在这些年间里，戚继光得到了朝廷中掌权的张居正及其他上级和朋友们的全力支持以及部下的全面配合。尽管他原先设想的练兵方案没有得到全

《重建三屯营镇府记》碑及碑亭

部实现，但在练兵、修建边墙和防御设施上都基本达到了目的。

  然而从万历四年以后，朝中情况发生了变化，先是他的多年好友，多年来与他关系十分密切的兵部侍郎汪道昆离职，任蓟门总督的刘应节也调往他处。二人都是戚继光的挚友，汪道昆在闽浙抗倭战斗中就长期与戚继光在一起，二人结下了十分深厚的友谊。刘应节作为戚继光山东老乡，在蓟镇任上对戚继光也是全力支持。继而万历五年，多年来一直支持戚继光工作的兵部尚书谭纶逝世，谭纶在浙江抗倭时就是戚继光的老上司，对戚继光十分了解并全力支持，二人友谊很深，戚继光十分悲痛的悼念谭纶，说"知公者是我，成我者是公，今公逝世，不能不无限悲矣"。万历十年，与戚继光友谊深重的另一位抗倭名将俞大猷也在辞职返乡后不久病逝，他临死前想与戚继光再见一面的愿望也未能实现。戚继光闻之也不胜悲痛，戚继光与俞大猷都是抗倭名将，两人在福建、广东战场上互相配合，合作十分愉快，在御倭战争中都作出了很大贡献。隆庆年间，俞大猷也曾调到京师，负责训练京营，

二人在军队的训练、火器使用及北部边防举措的理念十分相近。因此，对俞大猷早逝，戚继光自然十分悲痛。由于连日练兵和修工事的劳累，再加上朋友的去世，戚继光自万历五年以后自觉身体欠佳，万历八年除夕，他写下一诗，反映自己的状况：

> 梭樟余骨不胜裘，又说添庚到白头。
> 日日衰容随病改，年年旅况付愁收。
> 笙歌天上方辞腊，士马边间正佩钩。
> 春至九重多雨露，敢辞骨血洒春秋。

尽管戚继光在工作岗位上身心疲惫，但仍然坚持训练军队，加固城防工事，没有丝毫懈怠。

然而更大的打击接踵而来，万历十年（1582）六月，一代名相内阁首辅大学士张居正去世。张居正在任期间，历行改革，在政治上加强内阁权力，做到号令统一，朝廷行政效率大为提高；在经济上推行一条鞭法，清丈土地，减轻人头税，使国库收入大为增加；在军事上，重视边防，大胆使用一批杰出军事将领守边，同时与蒙古部落和议，缓和禁海政策，缓和了周边和沿海的紧张局势。因此张居正时期，也是明朝国力强盛的时期。张居正坦率果断，大权独揽，虽然得到李太后和司礼监太监冯保等有力人物的全力支持，政令推行的十分有力。但是也让一些官员失去了既得利益，随着皇帝的逐渐长大，对于权力独揽的张居正也逐渐不满。因此张居正死后不久，一股倒张居正的潮流便在朝中刮起。万历十一年（1583），张居正被剥夺所赠的官职和谥号。第二年，其家被抄，长子被迫害致死，其余家人遭流放。在这种朝廷内外

反张居正的波及下，得到张居正生前极力保护和倚重的戚继光也很难免不受牵连。此时，恰好有一位戚继光部下担任副总兵的叫做陈文治，是一个有野心的将领，也想取戚继光而代之，他看到朝廷反张势力正大，也想借此攻倒戚继光。

陈文治在京师散布谣言，说戚继光勾结张居正，甚至半夜将信件递到张府，是否有谋反的嫌疑。在这种舆论下，戚继光的日子也很不好过。但因为戚继光有功于国家，其功绩也为朝廷中大多数官员所肯定，别有用心想搬倒戚继光的人也无法得逞。但是让戚继光守蓟镇，作为北京门户的镇将，又让皇帝和一些反张的官员放心不下。于是万历十一年初，兵科都给事中张鼎思上书皇帝，称戚继光在闽浙抗倭任上立有大功，还应把他调回到南方。这道上书为万历皇帝批准。于是当年二月初，朝廷下令调戚继光任广东总兵官，从职务上看，这次戚继光虽然仍是平调，但其责任与蓟镇总兵官差距甚远。戚继光在蓟镇可以指挥十余万精兵，但是由于御倭战争取得胜利，明政府已将澳门租借给了葡萄牙人，在一定程度上也有效地控制了南方殖民者骚扰，广东地面基本上是平静了，没有什么战事，也没有多少军队可供指挥，因此，广东总兵基本上是个闲职。这种调动对于戚继光来讲无疑是个贬谪，对于急于为国建功立业的他而言，其心中的痛苦是无法言喻的。除了戚继光本人遭不公平对待外，这一年，他的弟弟戚继美及最要好的部下胡守仁也先后被免除了贵州和浙江总兵官的职务。这不能不说也是受到了戚继光的牵连。

对于朝廷的任命，戚继光虽然心中十分郁闷，但是作为一个军人，还是非常坚决地执行了朝廷的命令，立即准备动身。蓟镇的官兵和百姓与戚继光相处十五年，结下了十分深厚的友谊，军

民们拥护和爱戴戚继光,他们也知道正是由于戚继光训练出一支精干有战斗力的军队,建立起十分牢固的防御工事,才换来了如此长时间的和平局面。许多蓟镇百姓和地方官联名上书,要求朝廷将戚继光留在蓟镇。但是在当时那样的政治环境下,戚继光已被当权者看做是已故首辅张居正的亲信,没遭到清算已是万幸了,更不可能将他留在如此重要的岗位上。因此,请愿信只能石沉大海。闻知戚继光要远行。蓟镇军民男女老幼,夹道相送,不少人送出境外很远,仍是依依不舍。一位叫陈弟的官员目睹送行的感人现场,曾写下一首送别诗,云:

辕门遗爱满江燕,不见胡尘十六年。
谁能旌麾移岭表,黄童白叟哭无边。

诗文真实地反映出人民群众对戚继光的热爱。

万历十一年春天,在上任广东的途中,他曾回到已离别多年的家乡。在蓬莱阁上,戚继光眺望一望无际的大海,回顾离开家乡数十年转战南北经历,不胜感慨,再想到近年来所遭受到不公平的际遇,已开始产生出留恋家乡,不想再为官的念头了。他在《放舟蓬莱阁下》一诗中写道:

日月不知双鬓改,乾坤尚许此身留。
从今复起乡关梦,一片云飞天际头。

尽管戚继光留恋故乡,但作为朝廷的命官,他仍然无法在家乡久留,很快就去南方上任。这年的中秋节,戚继光在经过杭州

途中，和恰好正在杭州的知交故友汪道昆相会。汪道昆和其他戚继光所认识的朋友为他在西湖摆宴荡舟，相叙友谊。谈到往事，大家无不自豪，对于已经过去的岁月，也不免依稀留恋。汪道昆当时已经不在官场，对于官场沉浮早已看破。他知道戚继光对南调的不快，也对他加以安慰。对于汪道昆等朋友们的热情款待和好言安慰，戚继光从内心里表示感激。几天后，他继续南下，十月份到了广东。

戚继光对广东并不陌生，嘉靖年间，他为追击倭寇，就到过广东，也曾在这里和俞大猷等将领并肩作战。那时是为了保卫百姓不受外来侵犯，对于戚继光这位爱国将领而言，是何等的豪迈。但这次入广东，与嘉靖年间已大不相同。由于长期没有战事，广东的守军形同一盘散沙，毫无战斗力可言。更为严重的是广东大部分驻军是由总督、巡抚率领，由于朝廷没有明确的授权，在军队日常训练、军官选拔、军器制造与采购方面自己都插不上手。他作为总兵官，能够指挥动的只有身边的标兵营两千多人。这些标兵，成分复杂，其战斗力很难和当年抗倭前线所指挥的军队相比，甚至比不上蓟镇的训练兵。尽管如此，戚继光还是尽职尽责的对这支标兵加以整训。经过一段时间的努力，从出操、训练、作战到武器装备，这支部队大有改善，战斗力也显著提高。

除了整顿身边的部队外，他还巡视了广东沿海的惠州、潮州、肇州、庆州等地防务。所到之处，他精心考察，对沿海防御设施和军队部署情况都有了自己的想法，正在准备对沿海防御加以整顿的时候，忽然肺病发作，迫使他不得不暂时休养。

由于当时朝廷中反张居正之风越刮越烈，一批正直的官员和将领不但不受到重用，而且还多被贬职。再加上戚继光觉得在广

东无多少事可做，因此也萌生退意。到广东半年后，他就上书请求辞职，但未被朝廷批准。因此，除了训练自己身边标营以外，戚继光用大量时间整理自己过去的书稿。

戚继光自年轻时就重视学习，并写下了一些诗文，表现了他的抱负和爱国主义精神。后来他将这诗文收集起来，编成一部书，称为《止止堂集》。自从投身军旅以后，戚继光重视对军事知识的钻研，阅读《孙子兵法》等前辈军事家的著作，结合在南方战场上和镇守蓟门间的亲身经历，写出了《纪效新书》和《练兵实纪》两部军事著作。

《纪效新书》（18卷本）写成于嘉靖三十九年，是戚继光所撰写的第一本兵书，是他将阅读《孙子兵法》并与抗倭战场亲身经历相结合而写成的一部著作，著作中对于军队的训练，作战配合，各种武器的使用进行了大量的阐述，并在抗倭斗争中被证明是行之有效的。这部兵书隆庆年间有刻印本。戚继光到广东后，觉得《纪效新书》（18卷本）尚不够完善，他又结合在蓟镇的练兵经验，重新加以修订，增加了《胆气篇》和《练将篇》，尤其重视将领的选拔和士兵勇敢精神的培养。这个修订本成为《纪效新书》（14卷本），书中理论深度超过了过去的十八卷本，修订本的《纪效新书》（14卷本）由广东布政司刻印，并分发给各级军官阅读，也是后来流传最多的一个版本，是戚继光在军事理论上的一个重大成就。

除了修订《纪效新书》以外，他还对自己的诗文集《止止堂集》进行了部分修订，除在文字上稍作改进外，还删除了一部分诗文。后来出版的《止止堂集》，也多是这次修订的版本。戚继光在广东任上虽然没有在闽浙抗倭战场上那样经历过轰轰烈烈的战

事，也没有能够如蓟镇那样练出一支十万精兵和建立起数千里坚固防御工事，但在短短的一年多时间里，他将多年的军事文献整理修订，让官兵们学习并流传下来，也是一个贡献。

万历十二年秋，戚继光再次上书请辞，恰在此时，兵部给事中张希皋又借张居正之事弹劾戚继光，朝廷于是借此免去戚继光广东总兵官职务，让他"回卫调理，以候起用"，允许他引退回乡。早已厌倦了官场争斗、一生正直的戚继光，对朝廷的免职令已没有当年免去蓟镇总兵而调广东任上那般难过的心境了，倒是感到了一种解脱。回顾南征北战数十年，报效国家，毫无怨言，已到落叶归根的年龄，辞官对于戚继光倒是摆脱了官场的束缚，有了一种自由的境界。戚继光在广东虽然时间不长，但深受人们的爱戴。临行，官员们纷纷前来送行，广东参政陈海山等人送了一程又一程，一直送到梅岭才依依不舍的别离。再过梅岭，戚继光回顾几十年征战大江南北的戎马生涯即将结束，以后要过退休的田园生活了，既有对未来休闲恬静生活的向往，也有一位将军壮志未酬的感慨，他挥笔写下了这样的诗句：

　　五岭山头月半湾，照人今古去来还。
　　青袍芝履途中味，白简朱缨天上班。
　　烟水情多鸥意惬，长林风静鸟声闲。
　　依稀已觉黄粱熟，却把梅关当五关。

返程之时，他从广东进入湖南、江西，还特意绕道去拜访了多年的知交故友汪道昆。在汪道昆的家乡江西歙县，戚继光竟住了一个月之久。岁月匆匆，戚继光老朋友们大多先后谢世和音讯

不知。只有汪道昆与戚继光保持了十分密切的联系。二人可以说是无话不说的挚友，在江西汪道昆的故乡，二人回顾了相逢浙江抗倭战场，配合默契，在蓟镇御虏前线又是互相支持，尤其是戚继光得到汪道昆在京中大力协助，在巡视蓟镇期间对戚继光更是关心备至。在张居正去世后，二人仕途坎坷，先后辞职，但友谊并未因此磨灭，反而益加深厚。二人互相安慰并对国家未来都表现出良好的盼望，希望朝廷能重用贤才，改良政治，达到昌盛局面。这次二人会晤，也成为二人最后一次见面，两年多后，戚继光即与世长辞，作为好友的汪道昆为他的这位挚友写了充满感情的墓志铭。

戚继光本想还在汪道昆家乡多住些日子，但是接到了其弟弟戚继美不幸去世的消息，不得已匆匆返回故乡。

戚继美比继光小五岁，二人从小感情至深，尤其是当父亲去世后，戚继光与夫人王氏对这位弟弟更是关心备至，不仅在事业上、生活上关心他，而且还为他娶妻成家。嘉靖四十二年（1569）戚继光因抗倭有功升为都督同知，按规定可以荫一子为正千户，戚继光将这一名额让给了弟弟，继美因此也进入军队，到福建任职。隆庆二年，当戚继光北调蓟镇时，戚继美正在山东沂洲任把总，戚继光提出要训练十万精兵，后经兵部尚书谭纶上书，朝廷只批准调当地防御兵三万进入蓟镇，由戚继光统一训练。戚继美也曾率山东班军进入蓟镇，听从戚继光训练，并筑空心敌台。继美升任山东署都指挥衔。隆庆四年，继美调离蓟镇，先后到河南、江苏、湖南等地任职。万历十年（1582）他又被任命为贵州总兵官。上任前夕，兄弟二人曾在蓟镇相见，二人依依不舍相别，抱头痛哭，不知何日再见。但天有不测风云，刚到贵州上任不久的

继美就因为朝廷中反张居正之风猛烈而受到牵连，被免去了总兵职务。胸中郁闷的继美恰好赶上夫人和儿子先后因病去世，一连串沉重的打击让这位将领心力交瘁，回乡不久就染上了重病告别了人世。戚继光十分痛苦地安葬了弟弟，弟弟的早逝给他的心灵上留下了难以愈合的创伤。

回到故乡后的戚继光开始过起了与世无争的田园生活。蓬莱的乡亲们对这位驰骋疆场数十年，在抗倭和御虏中做出重大贡献的名人是由衷地爱戴和敬仰，到家中探望他的乡邻更是络绎不绝。戚继光自然很高兴地向亲友们讲述当年战场上的往事及艰难曲折，提醒着人们不能忘记幸福生活的来之不易，要树立远大的志向。在家乡的日子，戚继光经常到海边的蓬莱阁，遥望大海，抒发自己的感怀。他也知道，当时国家太平，没有内外战事，作为一个军将，已很难有报效国家的机会，再加上政治环境险恶，再为朝廷建功立业已无可能，只能静下心来，一面继续整理自己的文集，一面尽自己的力量为乡里做一些有益工作，他出资修缮了蓬莱阁，让这一游人众多的地方展现出新的面貌。

戚继光回乡后也没有忘记当年父亲对他的交代，要尽力对祖先之业有所增益。因此，也尽自己绵薄之力重新修建了家庙。家庙建成后，戚继光还为家庙写成了一篇论文，里面交代了自己一生及对先辈们的怀念，也宣告自己完成了先人交付的任务。

戚继光晚年家园生活虽然恬静，但却十分清贫。戚继光作为官至武官一品名将，应该是俸禄不菲，但无论是在抗倭前线还是在蓟镇前线，他都广交朋友，体恤和爱护手下士卒，大量俸禄用到了朋友和部下身上。他不贪财，不克扣军饷，也不接受别人的贿赂，并无多少积累，尚余的一些钱财，也都印了自己的书稿，

送给朋友和部下。因此,朋友说他"四提将印,佩玉三十余年,野无成田,囊无宿镪,惟集书数千卷而已"。免官之后,更是没有了薪俸,家庭过得十分艰辛,戚继光还有几位子女尚未成年,需要抚养。他的原配妻子王氏因为长年无子,后来他又先后纳沈氏、陈氏和杨氏为妾,三位夫人先后为他生了祚国、安国、报国、昌国,其中最大的祚国才二十岁,最小的昌国只有三岁。一家人的生活艰难可想而知。但更让戚继光感到备受压抑的是,由于戚继光的卓越贡献,在朝廷一些官员的心目中仍有很高的威望,也有一些官员希望朝廷能允许戚继光重新出来工作。如万历十五年九月,闽南道御史傅光宅就上书朝廷,提出戚继光年纪并不算大(刚60岁),且战功卓著,建议朝廷再次起用戚继光,但让人意想不到的是这项建议不但未被朝廷采纳,而且提建议的这位傅御史还遭到夺俸两个月的处分。因此从当时的情况看,在短时间内戚继光是没有重入官场的可能了。这种恶劣的政治环境对贫病交加的戚继光也是一个严酷的折磨,不能不使他的心境和身体状况更加不堪重负。万历十五年二月十九日(1588年1月),戚继光突发重病,经医治无效,第二天凌晨就告别了人世。时年,他尚不满六十周岁。

戚继光的一生是灿烂辉煌的一生,无论是在烽火连天的南方抗倭战场上,还是在金戈铁马的北方御虏前线,他为保卫国家所建立的丰功伟绩都是不朽的。生前他被朝廷加封为光禄大夫、少保兼太子太保、左都督,成为一品武官。按理说死后应该由朝廷给予谥号,并举行隆重的安葬仪式。但在当时那种政治局面下,朝廷不仅未赐予谥号,甚至连予以祭葬的诏令也没有。只是家人和亲友将这位盖世功臣进行了安葬。按照当时朝廷的规定,戚继

## 戚继光

光这样的高官应有一子可以得荫袭职，但也推迟了一段时间，直到与戚继光生前关系甚好的兵部尚书王一鹗写给其长子戚祚国，让他赴京办袭职手续，祚国才担任了登州卫指挥佥事，而其他儿子仍无功名，这种情况直到万历中期以后才有所改变。万历二十年至二十七年（1592—1599）日本统治者丰臣秀吉发动了侵朝战争，明朝被迫出兵援朝。国难思良将，这个时候人们又想起了当年戚继光抗倭的业绩。礼部也有些官员提出应给戚继光加谥号，并给予其后代抚恤。因此，万历后期，朝廷封戚继光"武庄"谥号，天启年间又改谥号为"武毅"，后又在其家乡蓬莱建表功祠，以备人们祭祀。戚继光的几个儿子也先后得以袭职任卫指挥佥事、锦衣卫百户等，但均未做到显赫的官职。戚继光五个儿子中只有三子昌国有三个儿子，后代们长期生活在家乡蓬莱。戚继光的一位养子戚金则因战功显赫，晋升到参将、总兵等高级别武职，后来与清军作战时阵亡。他的后代，主要居住在安徽定远一带。

## 二、杰出的战略战术

戚继光在御倭战争中，还继承和发扬了古代军事思想的精华，并通过战场上的亲身实践，逐渐创立出许多切实可行的战略战术思想。其中最为突出、最为成功的表现是：算定而后战；快速、灵活之用兵；各种武器配合使用、各兵种配合作战；大创尽歼、攻防有序、重视防御集中力量打歼灭战。

### 1. 算定而后战

戚继光在抗倭战场上，始终坚持算定战思想。所谓算定战，就是主要在战场上做到知己知彼，谋划在前，"须是未战之前，件件算个全胜"，也是对孙子兵法中"庙算"思想的继承和发展。

戚继光的算定战思想可以从以下几个方面表现出来：一是战前对敌我双方的实力（人数、素质、装备、士气等）进行比较准确和科学地估算，然后创造战胜敌人的条件。戚继光在阐述算定战作用时曾说：

兵家之事，短不接长，必须每事长他一分。如他有弓矢之利，我以何物胜其弓矢；他有短刀之利，我以何物胜其短刀；他有万马冲突，我以何物挡他冲突，使他件件不及我，般般短于我，如

此算定，出门临时慌忙还有错误，而况于安心故套，觊凭天幸耶！

就是通过掌握对手的全面状况，在部队的士气、数量以及武器等方面能充分发挥自己的长处，来制约敌人的长处，就是"必须每事长他一分"。只有在各方面都长于敌人，才能克敌制胜，达到理想的效果。在东南沿海抗倭战争和北守蓟门期间，戚继光对倭寇和蒙古部落的战斗力、装备等方面都有详细的"算定"，因而能施展自己之所长，屡战屡胜。

二是每当战役之前，对敌人所采取的战略战术、作战模式要有准确的估计，从而制定出战胜敌人的整体作战方案，以免仓促迎敌，难以收全胜之功。戚继光把作战分为算定战、舍命战、糊涂战三种类型。他坚决反对后两种而坚持前一种。他认为在每战之前，摸清敌人作战计划是十分重要的。为了摸清敌方计划，就必须"多差广探"，要派出大量侦查人员到前线甚至敌营内部侦察，取得情报，"凡贼分合、出入、多寡、向往、进兵路径，举皆洞然矣"。通过对敌人情况的了解和对敌人作战计划的洞悉，就能比较从容地布置自己的兵力。这样，无论是进攻还是防守，都可以把自己放在主动地位。

三是坚持实事求是的原则，在战前制定多种方案，并根据敌情的变化而随时变化。戚继光认为在战前进行多种谋划是非常重要的。他说："臣闻未战而庙算胜者，多算也。多算固用兵之所贵矣。"在浙江、福建抗倭战场的几乎每次重大战役中，戚继光都要先了解倭寇情况，有目的地制定出多种作战方案，并根据情况加以修正。如著名的台州战役，戚继光根据敌情变化，将快速突袭、多路出击、佯装撤退、诱敌深入、杀回马枪等多种方式结合，使倭寇顾此失彼，此役戚家军五战五捷，大胜而归。

戚继光算定战思想不是静止不动的，即使预先了解了敌情，制定了作战方案，但战场情况瞬息多变，要赢得战争，就要适应战场的不断变化。因此戚继光在算定战中提出实事求是的原则，既要掌握基本情况，又要掌握不断变化的情况，提出"兵事须求实际"，并始终按此法行事，所以，在沿海抗倭战场上就能适应情况变化来制定作战方案，屡战屡胜。

### 2. 快速灵活用兵

戚继光战略战术上另一个显著特点是用兵机智、快速、灵活，出敌不意而出奇制胜，也就是在与敌接战中进退迅速，如风驰电掣，使对方迷离恍惚，难以捉摸。同时，能根据敌我双方具体状况及客观条件，灵活用兵。嘉靖四十年（1561年）台州大捷，就是戚继光这一用兵思想在战场上运用的典型战例。

这年四月，数千倭寇乘十余艘大船自宁海企图窜犯台州，此时戚家军主力北距宁海或南离台州均有百余里，如果北上宁海，则恐倭寇乘机突袭台州，若回守台州，则又怕倭寇在宁海势力坐大。此为两难选择，戚继光权衡利弊，决定采取快速突袭之法。除留小部分部队回守台州外，主力奔袭宁海，先击败倭寇一部。大部倭寇发现戚家军北上，认为后方空虚，果然向台州扑来。戚继光算定倭寇阴谋，不与少部分倭寇在宁海纠缠，昼夜急行军先倭寇一步返回台州，当倭寇数千人自以为将戚家军调开能如愿攻入台州时，在距台州二里多花街突然遭遇戚继光主力部队，仓促迎战，戚继光留在台州的一支奇兵又突然杀出，倭寇无力抵御，仓皇后撤。戚继光见此役未能达到聚歼倭寇的目的，又施下妙计，命令戚家军撤出台州，戚继光佯装再北返宁海。倭寇见戚家军撤

## 戚继光

离，认为有机可乘，再次袭击台州，戚继光突率戚家军再杀回马枪，不到半日就回到了台州。倭寇万没料到戚家军行动如此神速，惊慌失措，心理上受到打击，无心恋战，夺路而逃。戚家军乘胜全力追杀，五战五捷，歼敌千余人，取得台州大捷。

戚继光机智、快速、灵活的作战方针还表现在这位杰出的军事家在战场上能够充分利用地理条件歼敌。如嘉靖三十八年（1559年）五月，倭寇三千余人进犯浙江海门，戚继光率部先进入新河域（今温岭县东北），见这一带河渠纵横，倭寇入犯只能乘船行动，于是在河道中钉木桩连船，塞敌退路。倭寇见出路被堵，只好泊船于城南牛桥，占山筑垒拒守。戚继光见难以进攻将其全歼，于是让一小支部队在城西游动，大部队埋伏于城南倭寇下山登船必经之处。倭寇见戚家军西去，急忙下山乘船欲走，岂料戚家军三路伏兵尽出，倭寇被杀死、溺死一千余人，战船三十二艘也被烧毁。剩下的倭寇向温州方面逃窜，逃窜途中他们先分兵五路占据沿海高山以阻抵戚家军。戚继光一方面分兵五路与倭寇正面对峙；另一方面让卢镗率一支部队从侧翼出击，而将另一支主力部队于入海口先隐藏起来。倭寇在两支戚家军夹击下已经不支，又见入海口没有戚家军，就向海口逃窜，企图从海上逃走，岂知正中戚继光之计，在入海口将倭寇包围起来，一举歼灭。在这场战役中，戚继光充分利用地形诱敌并歼敌，表现出了他对战场上地理条件的合理利用。

嘉靖四十一年（1562年）七月的福建横屿之战，也是戚继光充分利用地形而战胜敌人的一个典型战例。横屿是倭寇在福建境内经营多年的老巢，位于宁德县城东北二十余里处，是海中的一个小岛，隔十里浅滩与大陆相望。这片浅滩，潮来成海，潮退泥

洼。用步兵攻打难于涉渡，用水师攻打则船行即搁浅。倭寇凭此地理优势，有千余人驻扎于此，经常外出掠抢，给当地人民带来很大灾难。这股倭寇并与福清、宁德境内倭寇万余人互相支援，成为明军难以攻克的一个疾瘤。戚继光率领部队进驻宁德后，仔细分析了横屿一带敌情，他先招抚当地百姓，包括一部分受倭寇利用者，分化了倭寇的力量，短短几天内，在戚继光政策感召下，有数千被倭寇欺骗、胁裹与明军对抗者纷纷反戈一击，投降戚家军，此举使得横屿岛的倭寇孤立起来。他又针对横屿易守难攻的地形，让士兵们每人背上大捆柴草，趁夜晚海水退潮之时，列成鸳鸯阵匍匐前进。由于将柴草相继铺垫在烂泥中，士兵终于走过十里泥滩顺利到达岛上。清晨，戚家军发起突袭，倭寇被打个措手不及，戚家军终于一举攻克被倭寇占据三年之久的横屿岛。在这场战役中，由于戚继光充分利用了地形，变不利条件为有利条件，最终取得全胜。

### 3. 各种武器配合使用，多兵种协调作战

戚继光在东南沿海抗倭中还有一个突出特点，是充分发挥各种武器的配合与使用，将部队编成有利的队形，合理使用各种武器，以达到出奇制胜的目的。

戚继光非常重视部队武器的装备及改善，认为在武器上优于敌人，是取得战争胜利的一个必不可少的条件。他认为："彼以何器，我必求长于彼，使彼器技未到我身，我举器先杀到他身上，便有神技，只短我一寸，亦无用矣。"他精心设计出多种武器组合使用，并大力推广火器，制造和引进佛郎机炮、火铳等以装备部队。

## 戚继光

在戚继光抗倭的主要战场浙江和福建沿海，多为山岭沼泽地带，道路起伏不平，再加上倭寇善于集体冲击、短兵相接作战等特点，大兵力不易展开。戚继光精心创制了多种武器，如狼筅、镋钯、长枪、钩枪、大棒等冷兵器，以及三飞箭、虎蹲炮、连子铳等火器。对于这些武器，他重视配合使用，充分发挥出每件武器的长处。《练兵实纪》中有：

> 所用之器，必长短相杂，刺卫兼合。……长以救短，短以救长，长既易过而势老，短又难及而势危，故相资之用，此自然之势，必然之理，至妙之术也。

在他独具匠心设计的鸳鸯阵作战阵形中，就是将长短兵器相结合的。戚继光创建的鸳鸯阵由兵士12人组成一小队，按1-2-2-4-2-1队形排列，最前1人是队长；队长后面2人一执长牌，一执藤牌，长牌主要使用是拦挡敌人重矢和长枪，掩护后队前进，藤牌轻便，藤牌手带标枪、腰刀，与敌交锋时以牌为掩护，用刀、枪杀敌；其后2人手拿狼筅，照顾牌手，抵御敌人刀枪；再其后共4人，手持长枪，每2支长枪掩护前面的一牌一筅，这4人长枪很长，能够遇敌先发制人，迅速刺杀敌人；再后2人手持短兵器，如叉、钯、棍、腰刀之灯，和前面4支长枪互相配合，如前面长枪刺不中时，短兵即冲向前搏杀；最后还有1名火兵携带物品，保障全队的后勤供应。这种鸳鸯阵还可以随时变化，变成两队，称为"小三才阵"。在枪鸳鸯阵中，一方面是作战士兵互相保护，狼筅保护藤牌，长枪保护狼筅，镋钯保护长枪，两两相对，形似鸳鸯；另一方面长短兵器互相配合，变化多端，充分发

挥各种武器之长，作起战来更是得心应手，使倭寇闻风丧胆。除要求士兵熟练地掌握冷兵器外，戚继光还很重视火器的使用，在使用鸳鸯阵与敌方接战时，还配有火器队的协助。火器队一般有队长1名，鸟铳手10名，火兵1名，充分发挥出火器远距离的杀伤作用。再加上部队中配备的弓箭手、火箭手，戚家军战斗力非常强大，形成了一支在御倭战争中所向披靡、无坚不摧的强大力量。

　　戚继光不仅重视陆战中武器的使用与配合，而且重视水军的建设以及在作战中水陆两军的互相配合。在浙江、福建沿海平定倭寇的战争中，因为濒临大海，倭寇又多乘船而来，仅靠陆上作战，难以达到全歼倭寇的目的。于是他到浙江沿海后，亲自指挥造船，除了大型的福船以外，还为水军制造了较小的海沧（冬船）和艟。福船是大型战船，船分4层，可载士兵近百人，主要用于深水作战。在福船上安装有当时比较先进的武器，有大发贡1门、佛郎机火炮6座、碗口铳3门、鸟铳10杆、喷筒60个、烟罐100个、火箭300枚、火砖100块、火炮20门等，还有弓箭、刀、枪等冷兵器。大发贡射程远，威力大，相当于后来军舰上的主炮；佛郎机火炮置于船两侧轰击敌舰用；火铳主要作为击杀敌船上士兵用；火箭、喷筒用于焚烧敌船；刀枪等武器便于与敌船近距离拼杀。这些武器有机配合，形成极大的杀伤力。大船火力虽强，然只能在深水中作战，如在浅水中作战，则难以显示威力。针对这种状况，戚继光又建海沧和艟桥与福船相配合使用。海沧面积要小于福船，能乘士兵五十余人，火力也不及福船，但吃水浅，风小也可行驶，适应在近海和湖泊中作战。艟桥船更是戚继光本人的独创，它比福船和海沧都小，只能乘三十余人，火力虽不及

以上二船强，但它更适应于汊港作战。在这些地方，大船无法行驶，艟桥则可追击敌船，自由、灵活地作战。这种大小战船相配合，战船上各种武器交相使用，对敌展开攻击，极大地提高了戚家军的水上作战能力。

多兵种协同作战思想，还具体表现在戚继光镇守蓟镇期间，针对北方军情、边情和地形，在原先步兵、骑兵的基础上，组建"车战营"，形成对付蒙古部落骑兵最为有效的车兵、步兵、骑兵的联合作战。

这种步、骑、车营组成战阵，每个车步骑营有重车128辆，轻车216辆，步兵4000名，骑兵3000名，战马216匹。每车有4个士兵操作，配备有火箭、佛郎机、火铳、火炮等轻重火器，对骑兵有较大杀伤力。敌骑兵来时，先用火器轰击，敌近则让步兵持拒马器排列在前，用长枪、弓箭、狼筅阻击，敌退，就用骑兵追击。这种由车、骑、步兵组成的营阵，既能出击，也便于防守，可以充分发挥车营的火力重创敌骑兵，也有利于步兵和骑兵出击，做到了"行则为阵，止则为营。以车为正，以马为奇，进可以战，退可以守"。车骑步兵后面是辎重部队，保证士兵和战马粮草供给，这种多兵种配合作战，戚继光不仅提出了理论，而且在实践中不断完善，成为行之有效的方法。

### 4. 攻守兼备，重视防御

强调攻守兼备，重视积极防御，这是戚继光战略思想的一个重要内容。这种战略思想在东南沿海御倭战争中也得以充分施展与表现。

戚继光认为要打胜一场战争，必须要战守结合，战中有守，

守中有战，战守平衡，才能克敌制胜。他在《纪效新书》中提出："自古防寇，未有专言战而不言守者，亦未有专言守而不言战者，二事难以偏举。"

戚继光对战争中的防御研究得非常透彻，认为积极的防守是取得胜利必不可少的因素。这种重视防守的思想集中表现在两个方面：

一是物质方面。他特别注意沿海海防设施的建设和沿海卫所的健全。明代中期以后，由于军屯遭到破坏，沿海卫所士兵逃亡严重，卫所制度在大多数地区已名存实亡，海防设施也屡遭破坏，无人问津，难以抵挡倭寇的入犯。针对这种状况，戚继光对卫所的整顿和海防设施的修建十分重视。他在嘉靖三十二年至三十四年（1553~1555）担任山东备倭都指挥佥事期间，就大张旗鼓地整顿卫所，撤换了登州等卫一些不称职的官吏，调整补充了卫所的官吏。同时，在千余里的山东沿海自北至南每隔30里设一铺（驿站），每隔10里设一墩（烽火台），以便遇有敌情，各地可用最快速度互通消息。他的足迹遍及山东沿海绵延千里的海岸，对每一个卫所的堡、台、墩等防倭设施仔细检查，发现损坏及时予以修复和扩建。在戚继光卓有成效地努力下，山东沿海海防成为当时沿海各省最为牢固的防线。到浙江沿海后，戚继光又在他所防守的台州、金华、海门等地积极整饬卫所，并加强了沿海防御工事，除了整修防倭设施外，还大力修造器械和建造战船，经过一年多的努力，使浙江防务大为改观。

戚继光十分重视军队的物质保障。他认为防倭不仅要有防备设施，也需要有良好的物质保障，这种物质保障是战争得以胜利的前提，也是积极争取战争中主动权的一个方面。他对戚家军作

战物资的准备要求十分严格，史称，每队"设火头、行锅，负之以行军；身带干粮赍裹备之以炊具；兵有营壁、器具，立之以相持"。

二是在精神方面。戚继光要求士兵们平时有常备不懈的思想，保持高昂的士气。他经常教育士兵，抗倭是一场反击外患的战争，是为了保卫人民生财产免受外敌侵犯而战，激励士兵在战斗中的士气。同时他又告诫士兵在作战中要会保护自己，"轻其死而求其生"。他要求士兵们平时要保持"常盈之气"，不能因为作战胜利而骄傲，放松自己的战备状态，也不能因一时失利而失去斗志，要做到胜不骄败不馁。由于戚继光对部队不断进行思想教育，使部队士兵始终处于斗志昂扬的状态，战时能冲锋陷阵，平时能严加训练，常备不懈，形成一支来之能战、战之能胜的常胜之师。

戚继光还强调不打无指挥之仗，不盲目进攻，要求士兵们在战争中做到能攻能守，进退有序。特别是在退兵时，为了避免出现混乱局面，戚继光严格规定各支部队在撤退时退兵的次序和办法。在退兵时各支部队能互相掩护，步步为营，并且要设立接应部队，以防不测，在积极防御时，仍可抓住战机，对进追之敌予以歼灭。

戚继光在攻守兼备的论断中，特别要求部队要时常处于戒备状态，无论是在战时，还是在平时训练、守城、扎营期间，都能做到常备不懈、进攻勇猛、防守有序。因此戚家军在御倭战场上常常达到以少胜多、出奇制胜的效果。

### 5. 大创尽歼，集中兵力打歼灭战

戚继光认为，对于入侵的倭寇"非大创尽歼，终不能杜其再

至";对于北方内犯的鞑靼,一定要使其"一战而心寒胆裂",才能收一劳永逸之功。

大创尽歼,就是集中兵力,打一场大的歼灭战。戚继光认为:为了达到"杜敌再至"之目的,必须对敌人进行大的歼灭战,打击敌人的有生力量。他在东南沿海指挥抗倭作战时卓有成效地实践了这一作战思想。嘉靖四十年(1561),戚继光连续九战九捷,基本荡平了入侵浙江的倭寇。嘉靖四十一年(1562)的横屿岛(今福建宁德县东)之战,他率兵歼敌2600余人,几乎全歼了这里的倭寇。嘉靖四十二年(1563)的平海卫(今福建莆田东南)大捷,戚继光在福建巡抚、提督福建军务谭纶的统一指挥下,率中军与福建总兵俞大猷、广东总兵刘显水陆并进,斩倭2200余人,一举捣毁倭巢。嘉靖四十二年(1563)的仙游(今福建仙游)大战,戚继光采用各个击破之策,连续作战,将入侵的万余倭寇几乎歼尽。戚家军在戚继光"大创尽歼"的作战思想指导下,和其他抗倭将士并肩战斗,先后用10余年时间,荡平了东南沿海的倭寇,消除了近200年的倭患,基本上实现了"杜敌再至"的目的。

为了实现对敌"大创尽歼",戚继光提出要"伐敌所长",就是打击敌人的优势。这比打击弱敌和敌人薄弱之处要困难,但一旦战而胜之,则使敌人受到更大的打击,使之心寒胆裂。戚继光把"伐敌所长"当做一种快速而彻底战胜敌人的办法,这对古代军事思想也是一个新的发展。

为了达到上述目的,戚继光反对分兵,主张集中优势兵力打击敌人。他说:"倭奴鸷悍技精,须用素练节制劲兵,以五当一,始为万全。"在整个抗倭战场上,戚继光在兵力使用上始终注意以

绝对优势兵力对付倭寇。在实战中，他力求自己的兵力每战都超过敌人，以求得全胜。如他在任台金严参将时，平时把自己统率的4000多人分为两部，分驻松门、海门。但当倭寇多路入侵时，他不是分兵把守，四下堵截，而是集中兵力，统一使用。因此，在整个战场上，戚家军的兵力可能少于倭寇，但在局部地区或具体战场上，戚家军的兵力始终处于优势。嘉靖四十年（1561）四月，在花街之战中，戚家军以2000人对倭寇500人。同年的上峰岭战斗，就总兵力来讲，戚家军以1000人对倭寇发2000人。但倭寇摆的是"一"字长蛇阵，逶迤20余里。戚家军集中兵力，攻其中部。因此具体战斗时，戚家军仍是以多胜少。嘉靖四十二年（1563）四月的平海卫大捷，明军以2万人胜倭寇3000人，形成重兵合围之势，歼敌2200余人，一举收复了平海卫。

在兵力处于劣势的情况下，戚继光从不贸然发起攻击。他主张创造条件，力求在局部地区或某一作战方向上形成优于敌人的兵力，以确保全胜歼敌。嘉靖四十二年（1563），倭寇1万多人围攻仙游。当时戚继光身边的兵力不足6000人。为了消灭这股倭寇，戚继光以自己少量兵力增援仙游城防，确保城池；又调动其他部队阻止倭寇增援，拖住往援敌人；同时迅速从浙江调集援军。浙江援兵到后，戚家军增至1万多人。就总兵力而言，双方旗鼓相当，戚军仍不占优势。但倭寇四面围攻仙游，每个城门只有2000余人。戚继光采取"集中兵力，先破南门倭巢，得手之后再攻东、西两巢，最后捣北巢"的作战方针。这样，在具体战场上戚家军的兵力大大超过了敌人，因而能迅速击败敌人，解除倭寇对仙游的围攻。福建巡抚谭纶评价此战时赞道："用寡击众，一呼而辄解重围；以正为奇，三战而悉收全捷……盖自东南用兵以

来，军威未有若此之震，军功未有若此之奇也。"

　　在北方，戚继光同样主张集中兵力进行防守。他认为，蓟镇所辖的边防线很长，如果每个地方都派兵，"无所不备，则无所不寡"，对敌人进攻分清轻重缓急，加以重点防守。因此，他一方面在边墙上重点设防；另一方面把边墙内的驻军分成三路，使兵力适当集中，既可以增援边墙防守，又可歼灭突入边墙之敌。

　　戚继光的军事思想博大精深，以上阐述的仅仅是一部分。但仅从以上分析中，也可以看出戚继光在战略战术上能吸取前人之长，大胆创新，并能根据战场上的实际情况进一步丰富自己的军事理论，使其更加完善，并实际运用到战场上，这也是戚继光在御倭战争中和防御蒙古入犯时能立于不败之地的原因。

　　戚继光不但是一位杰出的将领，一位勇敢抵御外患的民族英雄，也是一位军事理论家和军事思想家。他在紧张、繁忙的指挥作战之余少有闲暇，还结合陈兵和作战实际情况，撰写了《纪效新书》和《练兵实纪》这样内容丰富、思想深刻且应用性强的军事理论著作，极大的丰富了中国古代军事理论，继承和发展了《孙子兵法》以来的军事思想，是中国军事史领域的重要文献，时至今日，仍有重要参考借鉴价值。

# 三、深远的历史影响

戚继光作为一个抗倭战争的民族英雄，自明代以后，即家喻户晓，影响极其深远。其中最主要的是他在军事领域的影响和在民间的影响。在军事领域的影响表现在自从万历年间以后，戚继光所撰写的兵书不断流传，并成为日后中外军事家学习的范本，并在实践上广泛采用。这些兵书不仅在国内流传，而且相继传入朝鲜、日本等周边国家和欧美地区，成为世界军事思想宝贵的典藏。在民间的影响主要表现在戚继光战斗和生活过的地方，人民为了纪念这位民族英雄而自发修建的众多碑亭、雕像、祠堂、纪念馆等建筑物和丰富的民间文学、艺术、传说、故事及历史遗迹，它们表现出了人民群众对英雄怀念与爱戴之情。

## 1. 军事影响

### （1）国内

戚继光军事思想是冷兵器和火器并用时代的军事理论，作为戚继光军事思想载体的《纪效新书》《练兵实纪》等兵书，在当时即备受人们推崇。明崇祯二年（1629年），郭应响在《补释戚少保南北兵法要略序》中指出戚继光"在浙有《纪效新书》，在蓟有

《练兵实纪》，治兵家奉为指南，为金针"。明末总督洪承略在他的《古今平定略序》中讲："铸古酌今则有戚少保之兵略，郭大夫之增删，举兵家枝节头颅了如指掌，今之将略孰逾于此！……谁谓千百冀而下遂无孙武子其人耶？天下自此平定庶可拭目俟之。"《明史·戚继光传》指出戚继光"所著《纪效新书》《练兵实纪》，谈兵者遵用焉"。嘉庆年间，薛大烈说："兵书，如《孙子》《穰苴》及黄石公之《三略》《素书》、诸葛武侯之全集、李卫公之《问对》三卷，皆粗涉猎，略识大意，惟前明戚太保继光《纪效新书》十八卷、《练兵实纪》九卷、《杂集》六卷，其年代去兹稍近，可为法则。"咸丰年间，沈兆云在《兵武闻见录·序》中说："世称孙、吴、司马三书为最精。嗣是代有著述，如《三略》《素书》《李靖问对》《太白阴经》《虎钤经》，指不胜屈，惟戚继光《纪效新书》《练兵实纪》，士大夫尤奉为圭臬。盖本诸躬亲拭历之余以著为法则，非徒托空言，未尝见诸实事者之纸上浮谈，故足以信今而传后也。"

19世纪60年代，洋务派大办军事工业，冷兵器逐渐为火器所代替。随着西方火器的大量传入，西方的军事思想逐渐渗入，影响愈益扩大。即使如此，戚继光的军事思想仍然得到了主张效法西方者的推崇。《中西兵略指掌》的编辑者陈龙昌说："中国谈兵家无虑百数，惟《孙子》十三篇、戚氏《纪效新书》至今通告，称为切实。但《孙子》论多玄空微妙，非上智不能领取；戚书出自前明，虽曾文正公尝为推许，其所可采者，要不过操练遗意。此外欲求所谓折中戎行，会通今昔守御之要而机宜悉当者，殆不多见。"这位主张效法西方的人也不得不承认戚继光的"操练遗意"依然可以取法。

正是因为人们这样推崇戚继光的军事思想，所以他的军事著作以多种形式广为流传。主要表现为：

一是明朝以来，曾多次刊刻戚继光的十八卷本《纪效新书》《练兵实纪》和十四卷本《纪效新书》。现存的明刊本和抄本有20多种，清代则有近40个刊本，民国年间也有十六七种（丛书中的刊本尚未完全计入）。自戚继光逝世的1588年到1941年的354年中，至少有71个刊本和手抄本，平均每5年就有一部重刊本问世。这在中国古代兵书中是罕见的。综观刊刻情况，大体有三个高潮：第一个高潮是明代援朝抗日战争期间，即1592年至1598年。现存的明刊本《纪效新书》（十八卷本和十四卷本）和《练兵实纪》有20种之多，其中有5种就是这时期刊刻的。第二个高潮是19世纪四、五十年代，即鸦片战争和太平天国起义期间。这期间共刊刻《纪效新书》（十八卷本）和《练兵实纪》13种。第三个高潮是20世纪30年代，即日军加紧侵略中国之时。在1934年至1938年间，有12种翻印本。这说明，每当外敌入侵、国难当头之际，或战争频繁之秋，人们就想起戚继光的军事著作，力求从中寻求治兵之方、用兵之术，以赢得抵御外敌的胜利。

还值得一提的是，《四库全书》只收兵书20部，其中2部就是戚继光的《纪效新书》和《练兵实纪》。

二是重新编纂戚继光的著作，刊刻流传。明代的有《守扬练兵辑要》《练兵实纪类钞》《重订批点类辑练兵诸书》《补释戚少保南北兵法要略》《古今评定略》《新编皇明戚将军将略韬略世法》《武备新书》《武经将略》《苴戎要略》等，清代的有《纪效达辞》。

三是辑录兵书多收录戚继光兵书的内容。明代的有《筹海图

编》《筹海重编》《皇明海防纂要》《武备志》等。其中《武备志》收录的戚继光著作内容最多。在240卷中有20多卷收录《纪效新书》（主要是十四卷本）和《练兵实纪》内容。清代有《戎政刍言》，该书节录了《练兵实纪·练将篇》的内容。

四是部分有影响的兵书吸收了戚继光军事著作的内容。这里值得一提的是《金汤借箸》。这本由周鉴等辑著的兵书，在练兵、城制、武器等方面引述了《纪效新书》和《练兵实纪》的内容。清乾隆年间实行书禁，该书改头换面，成了惠麓酒民撰写的《并辟百金方》，而且一再翻刻传抄，到清末已有20多个版本。嘉庆之后，书禁渐驰，《金汤借箸》又恢复了它的原貌。咸丰之后，《金汤借箸》的刊本有二三十种。嘉庆年间，带兵打仗的提督薛大烈删节《金汤借箸》辑成《训兵辑要》。戚继光军事思想的某些观点，借《金汤借箸》《并辟百金方》《训兵辑要》在人们中间流传。

历史上，个人军事著作以这样式多种形式广泛刊刻流传是不多见的。

明代后期多次刊刻戚继光的军事著作，正是为了指导当时的军事实践。万历十二年（1584），广东布政司第一次刊刻十四卷本《纪效新书》。在为此发布的"檄文"中说："据镇守广东总兵官送到删定《纪效新书》，为卷十有四，始束伍，终练将。……此皆该镇扬历南北，躬亲水陆，闻见独真，纤钜靡漏，信为已效之书，足称不易之法。……完日刷印，分给大水将领，督率哨队兵役，知所持循，齐加习练。务使臂指交精，战守胥利，耳目心志合万为一，则有有能之将，亦皆有有制之兵，所裨地方非浅鲜。"万历十六年（1588），总兵李承勋刊刻十四卷本《纪效新书》。他在

## 戚继光

《纪效新书·后跋》中说："戚大将军往在闽中，练兵素有节制，屡收大捷，全闽以宁。用兵既甚效矣，于是刻《纪效新书》。凡有兵寄者，莫不崇之。……抚台每以戚将军功业期不佞，复命翻刻是书，将以颁行两浙将校，欲使将校以下，知训练之机，熟约束之法，以下同心，臂指相使，悉成节制之兵，潜消海氛，保我黎庶，以抒圣天子南顾之忧。"万历二十一年（1593），福建布政司刊刻十四卷本《纪效新书》，在该书的前言中指出："照得闽省先年倭寇之变，蹂躏最惨，而收戡定荡平之效，则大将军戚定远之勋于今为烈矣。顾定远节制之师扬历南北，蔚为嘉隆间名将。而大凡练习卒伍，诲饬将领，悉载《纪效新书》。目今倭奴不道，狡然启疆，毁我藩篱，声言入犯。沿海地方征兵选将，方讲求御倭长策。而定远功在，闽土当宁，尤切拊髀之思，乃其人往矣，其书尚在。顷得大司马小江吴先生缄寄一部，本院时加披览，见其纤钜靡遗，精粗毕备。凡为士伍，为偏裨，为大将，为将将者，均不可不知，殆国手之弈谱，神医之秘方也。相应重梓，以广其传。……完日刷印送院，仍分给水陆将领，并府州掌印海防官，督率各哨捕队兵，查照练习，庶几有制之兵，有能之将，所谓先为不可胜，以待敌之可胜，当必有继定远而兴起者。"万历二十五年（1597）夏，扬州知府郭光复摘录《纪效新书》的重要内容，辑成《守扬练兵辑要》，"颁布各将领，使将以是训，兵以是习，如身运臂，臂运指，作刺有法，纪律井然。万一倭奴入犯，吾民吾兵有所以御之无恐矣。"同年冬，兵部尚书、蓟辽总督邢玠刊刻《纪效新书》和《练兵实纪》，目的也是以二书"授诸将士"。

戚继光在世时，训练的仅是自己所领的部队，在他离职和去世后，广东、浙江、福建、扬州以及北方均以布政司、抚台、知

府、兵部尚书等名义重刻《纪效新书》《练兵实纪》，下达部队，以他的思想来练兵、练将。戚继光虽然已离世，但正如明朝万历年间援朝战争明军统帅邢玠所说："能读公（指戚继光）书，能用公法，公固在也。"

应该说各地将领，按照戚继光军事思想练兵、练将是有成效的，突出表现在援朝抗日战争中南方将士为夺取战争胜利所做的贡献。万历二十年（1592年），日本丰臣秀吉发动了侵略朝鲜的战争。明廷应朝鲜国王的请求，两次出兵援助朝鲜，抗击日本侵略军，到万历二十六年（1598年）把日本侵略军彻底逐出朝鲜。在这次战争中中、朝联军取得两次重大的胜利：平壤大捷和露梁海战大捷。平壤大捷，首先登上平壤城池的是南兵。南兵将领吴惟忠是戚继光的老部下，胸部中弹，依然指挥战斗。另一南兵将领骆尚志，持长戟，负麻牌，耸身登城，脚被日军的巨石击伤，仍然奋不顾身，向上攀登。车兵将领戚金是戚继光的侄子，时人称他练兵最有戚继光的风范。露梁海战，中、朝水军联军俘获日舰100艘，烧毁日舰200余艘，斩首500级，生擒180余名，把日军彻底赶出朝鲜。明水军主要来自浙、直、闽、粤，正是按《纪效新书》练兵、练将的地方，有的将领还是戚继光的老部下。万历二十五年（1597年），兵部尚书、蓟辽总督邢玠就曾讲："迄今闽粤浙直之间，横海楼舡之师雄于海上，渔阳上谷台堡之卒，推为军锋，皆公（指戚继光）之余烈也。"

明末以前北方的安宁和戚继光军事思想的影响也分不开。《明史·戚继光传》载：戚继光离开北方之后，"继之者，踵其成法，数十年得无事"。事实也确实如此。蓟镇，在戚继光离开之后，由于有他的练兵和御敌思想的指导，到清兵侵扰关内之前，

一直保持安宁的局面。

在辽东，从天启二年（1622）八月到五年（1625）二月，孙承宗以大学士、兵部尚书衔经略辽东事务，在任期间建车营12座，许多方面是按戚继光《练兵实纪》所言进行的；戚继光的车营用的是偏箱车，他也是按照戚继光以128辆车为一营，戚继光每辆车配2架佛郎机，他也是；戚继光车营的编制是四车为一局，四局为一司，四司为一部，二部为一营，他则四车为一乘，四乘为一衡，二衡为一冲，四冲为一营，大体也相同。孙承宗在辽东拓地400里，收复辽河以西大部分地区，把防线逐步推进到锦州一带，和他建立强大的车兵营是分不开的，而他建立的车兵营就与戚继光的车兵制极为相似。清寥山樵子在《万胜车营叙》中说："戚南塘备兵北平，制偏箱车以御敌，一战而擒朵颜长秃，孙高阳用其制而拓地数百里。"

到了清代，以戚继光军事思想指导实践并取得成效者也屡见不鲜。嘉庆年间，清将薛大烈称：他从事多年参与平定苏四十三之乱、台湾林爽文之变、征西藏廓尔喀等战役，"乃以戚少保练将、练兵之法登坛口授之语，一一遵行之，行则无不效者"。

咸丰年间，曾国藩对戚继光军事思想也非常推崇。他组练的湘军就是"略仿戚元敬氏成法，束伍练技"的。他的募兵制度、挑选士兵的标准、编制体制、训练思想、军队纪律、作战战术，等等，都或多或少渊源于戚继光的军事思想。这里略举几例：

戚继光选兵时，要乡野老实之人，不要城市油滑之徒。曾国藩募兵是"须择技艺娴熟、年轻力壮、朴实而有农夫土气者为上。其油头滑面，有市井气者，有衙门气者，概不收用"。戚继光选兵"必胆为主"，而曾国藩说："总须察其胆气，虽死而不避者而后

可。"

戚继光在《纪效新书》（十八卷本）中，定军队编制基层单位为队，每队正兵10员，火兵1员，辖以什长。湘军基层单位也是队，每队正勇10员，伙勇1员，辖以什长。戚军四队为哨，四哨为官，四官为总。湘军是八队为哨，四哨为营，比戚军少一级编制，加大哨这级编制，哨设哨官、哨长，基本也相同。

戚继光教育士兵习武时说："凡武艺，不是答应官府的公事，是你来当兵防身立功杀贼救命本身上贴骨的勾当。你武艺高，决杀了贼，贼如何又会杀你。你武艺不如他，他决杀了你。若不学武艺，是不要性命的呆子。"曾国藩对士兵讲："原是要你们学些武艺，好去与贼人打仗、拼命。你们平日如不早将武艺学得精熟，将来遇贼打仗，你不能杀他，他便杀你；你若退缩，又难逃国法。可见学的武艺，原是保护你们自己性命的。"

戚继光强调军礼。李鸿章撰《曾文正公神道碑》记曾国藩论军礼事说："尝慨古礼残阙，无军礼，军礼要自有专篇，细目如戚元敬氏所纪者。"

戚继光在南方抗倭时所用的战斗队形是鸳鸯阵和鸳鸯阵演变的三才阵，战术队形是一头两翼一尾阵。曾国藩则说："阵法原无一定，然以一队言之，则以鸳鸯阵、三才阵为要；以一营言之，则以一正两奇，一接应，一设伏，四者断不可缺一。"正是一头两翼一尾阵。后来湘军战斗队形有变化，但依然是一头两翼一尾阵的翻版。

继湘军之后的淮军是仿湘军建立的，当然也受戚继光军事思想的影响。早在李鸿章办团练之初，曾国藩就曾写信对他讲："闻足下所带之勇，精悍而有纪律，务望更加训练，束以戚氏之

法。"后来李鸿章在曾国藩幕府当幕僚,咸丰十一年(1861)受曾国藩之命组建淮军。湘军的出现,改变了清朝的兵制,湘军和淮军代替了绿营兵的地位。各地的乡勇民团也都仿效湘军的营制、营规。

19世纪五六十年代,不仅清朝官僚曾国藩仿戚继光练兵,太平天国领袖人物也看戚继光的兵书。张鼎元在记述李秀成占领杭州的《前后居行》长诗中的"案头一卷未卒读,《纪效新书》戚公作"就是证明。

综上所述,可以得知,从明朝后期到19世纪五六十年代直至其后的一段时间,戚继光军事思想已成为中国军事领域的主导思想。

(2) 国外

戚继光军事思想在邻邦朝鲜有广泛而深刻的影响。朝鲜接触戚继光军事思想是从明军援助朝鲜抗击日本侵略开始的。当日军占领平壤后,明廷应朝鲜国王的请求派出援军。首先入朝的是副总兵祖承训、参将戴朝弁、先锋游击史儒等率领的辽东兵。他们冒险进攻平壤,结果大败,戴朝弁、史儒等战死,明军退回辽东。接着明廷以李如松为提督率领包括南兵在内的3万余人,再次进入朝鲜攻打平壤,取得重大胜利,收复平壤。战后,朝鲜国王李昖接见了李如松,问李如松明军为什么先打败,后全胜,前后有这么大的差异。李如松说:"前来北方之将,恒习防胡战法,故战不利。今来所用,乃戚将军《纪效新书》,乃御倭之法,所以全胜也。"李昖请李如松把《纪效新书》给他看,李如松秘而不给。李昖由此认识到《纪效新书》的重要性,下令购买此书。朝鲜译官从明入朝将领的手中购得此书。李昖还下令到中国购买,而且

要买王世贞作序的《纪效新书》。这样，《纪效新书》就传入了朝鲜。

得到《纪效新书》后，李昖请朝鲜著名将领柳成龙给他讲解，于是柳成龙与从事官李时发等一起研读，遇有不懂的地方，则让儒生请教明朝的将领。在此基础上，李昖于第二年（明万历二十二年）二月设立了训练都监，以柳成龙为提督，募饥民为兵，"旬日得数千人，教以戚氏三手练技之法，置把总、哨官，部分演习，实如戚制。数月而成军容。上亲临习阵。此后督监军常宿卫扈从，国家赖之。"柳成龙还提议，筹措粮饷，增加募兵1万，在京城建5营，每营2000人，半年留城中练习，半年出城在空地屯田，以增加军队粮饷，以巩固首都的防卫。此提议虽获李昖首肯，但终未付诸实施。然而，戚继光兵制从此在朝鲜推行开来。

到了清康熙三年（1664）正月，朝鲜庆尚监李尚真推荐梁山郡守安命老所撰的《演奇新编》，并上疏说："今日军阵之所行用者，只是戚继光之法，请求不用戚继光之法，而用自己的办法。"但兵曹商议的结果，认为"不可率易变通"。后来人们议论此事："戚继光之法虽非旧制，亦自久在行间。经历试用，累有功于南方者。此岂命老等辈所可论其得失者哉！"八月，兵曹判书金佐明又向国王进《纪效新书》。

康熙六年（1667），朝鲜又颁布《纪效新书》和《练兵实纪》，令将士学习。戚继光的军事著作在国内从没有以中央政府名义下达命令让将士学习，而在朝鲜，国王亲自研读，并将戚继光的兵书颁行全国。

在日本，宽政九年（1797）、十年（1798），连续翻刻出版十八卷本《纪效新书》，认为"戚子之书节制精明，号令严谨，实兵

## 戚继光

家之规则，行军之律令也……及今之时，损益此书，变通其事，而兴练兵讲武之要法，振护国保民之伟略，则步伐止齐之兵，可见于今日，而于圣贤虑亡之戒思过半矣"。

19世纪中期，日本社会封建制度危机加深，农民和市民暴动此起彼伏，1844年至1853年，农民暴动45次，1854年至1863年72次，1864年至1867年4年中达59次，封建社会上层保守派和改革派之间的斗争也没有止息，社会处在动荡之中。就是在这时出现了连续翻刻戚继光军事著作的现象。弘化元年（1844）翻刻《练兵实纪》，第二年翻刻十四卷本《纪效新书》。安政三年（1856年），翻刻十八卷本《纪效新书》。文久三年（1863）又在弘化二年刻本的基础上出版十四卷本《纪效新书》的补刻本。在短短19年的时间里，戚继光的三部兵书相继在日本问世，可见其影响之大。

进入20世纪，尤其在新中国成立后，随着中外交流的深入，欧美学者开始撰文介绍戚继光的业绩、思想。美籍华人学者黄仁宇撰写《万历十五年》一书（中华书局1982年出版中文版），内有《孤独的将领》一文，对戚继光的军事思想、用兵方略等作了较为全面的分析和评价。另外，美国学者米勒治·詹姆斯在1968年和1973年曾先后发表《中国军事将领戚继光》《戚继光——他同时代的文官所看到的一位武将》两文，收集于《十六世纪军事与海战研究》杂志中。德国人凯恩·沃哈米于1977年发表《戚继光与吕坤所下社区定义》一文，收于《哈佛学报》中。二十世纪八十年代以后，欧美国家对中国历史和文化介绍的书籍中，也多有戚继光的名字和他的业绩。

## 2. 民间影响

戚继光在东南沿海民间有着广泛的影响,当年戚继光活动过的地方,现存有相当数量的祠堂、纪念碑、纪念性亭台楼阁、名人题词和题字和与之有关的地名、山名、街名、桥名及自然景观名。这些纪念形成于明嘉靖后期,历经数百年而得以保存至今,可见戚继光民间影响之深远。

据已掌握的资料,历史上与戚继光有关的纪念性建筑、碑刻较多地出自两个时期:一是明嘉靖后期及隆庆、万历年间,一是本世纪三四十年代的抗日战争时期。

明代留下的一些文献资料记载,备受倭患之苦的东南沿海百姓和长期遭受蒙古骑兵劫掠之苦的北方蓟州等地百姓在戚继光离去后便纷纷建祠立碑,纪念他的功绩。曾与戚继光并肩战斗过的江南名士汪道昆在《浙东平夷传》《平远台勒功铭》《京观碑》诸文中就多次提及此类情形。就连戚继光自己也说:"东南数省(余)离任后为祀庙宇者不可数计,离蓟塞,今复祀禩而起宏宇崇祀者亦比比。"由此足见明嘉靖后期和隆庆、万历年间戚继光在世与辞世后一段时期,其活动过的地区纪念性建筑、碑刻之多。历代地方官员及百姓感其恩德,或对旧有祠、碑悉心保护,适时修葺;或重构新宇,按时致祭。

每值中华民族遭外族侵略之际,戚继光即成为一面激励人民斗志的旗帜。抗日战争时期,从浙、闽沿海各县到天津、河北的蓟县、迁安(今迁西)县,修葺和增建戚继光祠堂、竖立纪念碑的现象较为普遍。1937年,浙江第四区(今温州市)县属行政会议通过决议,令所属各县各立戚继光之碑,"借以激扬民气,俾

得奋起图存，恢复失地"。这一时期，蓟县政府祠祀的历代名将中亦有戚继光，其位"东向北上"。

20世纪60年代后期，在"文化大革命""破四旧"风潮影响下，民间戚继光祠祀、碑刻及纪念物在短时间内遭到严重破坏，大量被毁。80年代以后，随着人们对文物古迹保护意识的增强，被毁文物逐步得以修复，幸存文物得到了妥善保护。戚继光纪念性设施主要有：

（1）祠庙、祠堂

蓬莱戚继光祠堂（又称戚武毅公祠）位于蓬莱市区府前街中段东侧。明崇祯八年（1635）朝廷为褒扬戚继光而建，赐额"表功"。清康熙四十六年（1707）重修。1953年部分重修。1985年征为国有，辟为戚继光祠堂。祠为三进院落家庙式建筑，有门房、正祠各3间，均为单檐硬山式砖石木结构，占地596.1平方米，建筑面积131.38平方米。门向朝西，门外两侧各有石狮一尊。门扇上阴刻楹联："千秋隆祀典，百战著勋名。"横额："海上威风"。门房以东为过堂。过堂坐东面西，有前廊。前廊明柱上有1934年冯玉祥将军所书楹联："先哲捍宗邦民族光荣垂万世，后生驱劲敌愚忱惨淡继前贤。"前廊两侧陈列刀、枪、叉、戟等古代长兵器12件。过堂正中立屏风，上置戚

戚继光祠堂正门

继光画像；屏风前陈列的战刀（复制品）上刻有"万历十年登州戚氏"等字样；屏风两侧陈列《纪效新书》《练兵实纪》《止止堂集》等戚继光著作以及光饼、战袍、战靴等物。绕过屏风，出过堂进入二进院落，院北为正祠。正祠坐北面南，门上方县阴刻匾额"戚武毅公祠"。正祠前廊明柱楹联为郁达夫所书："拔剑光寒倭寇胆，拨云手指天心月。"东侧墙壁镶有纪英迥《谒武庄公祠》阴刻石碣1方。正殿中央暖宫内塑戚继光戎装坐像，塑像后方两侧为隶书对联："封侯非我意，但愿海波平。"室内四壁镶嵌介绍戚继光生平事迹的图版，绘有"秉父训"、"袭世职"、"严治军"、"练义乌军"、"创鸳鸯阵"、"著《纪效新书》"、"关心士兵"、"征服董狐狸"、"著《止止堂集》"、"罢归故里"、"将略文采长存"等画面。祠内还悬挂郁达夫、欧阳中石等文学家、书法家题词、题联。正祠院内有明代银杏树1株，钻天挺拔，遮天蔽日。正祠东侧为后花园。园内花木郁郁葱葱，"忠"、"孝"二碑分立南北两侧（原二碑为文天祥手迹，戚景通有"忠"字碑跋、"孝"字碑跋分别镌于二碑背面，皆毁于"文化大革命"时期。今二碑系1986年新立）；西南角有明代古柏一株，虬曲盘旋，傲然独处。

临山戚少保祠：在浙江余姚市临山镇凤山南麓，占地141平方米，

蓬莱戚继光坐像

戚继光

建筑面积64.4平方米。戚继光任宁绍台参将时曾在临山抗倭，离去后临山人民捐资兴建参将祠，纪念他的功绩。因年久失修，清光绪二十三年（1897年）于旧址重建，易名"戚少保祠"。祠为木石结构硬山式建筑，明间梁架为抬梁式。坐北朝南，进深7米，阔9.2米（三开间）。祠内原有戚继光戎装坐像，（今不存）。祠前后套有围墙，正门额镌"戚少保祠"4字。屋后有一石砌水池。1987年10月，该祠列为县级重点文物保护单位。

明代戚氏族人所植银杏树

下梅林庙：在浙江慈溪市雁门乡王家村内。《慈溪市志》《宁波市志》载：明嘉靖三十五年（1556）九月，胡宗宪率戚继光平倭至此，获龙山所之捷。百姓于嘉靖三十七年（1558）前后建梅林庙祀奉之，主祀胡宗宪夫妇和戚继光夫妇。原为二进院落，有前殿、大殿、戏台和东西厢房，今前殿、戏台已拆毁。现存庙宇坐北朝南，占地约250平方米，为一进院落，单檐硬山砖木结构。正殿三间，通面阔26.5米，进深11.5米。明间梁架为抬梁式，梁上雕饰人物、花鸟图案。正殿中、右二间为祭祀间，

明代戚氏族人所植柏树

可互通。中间北壁前设大型暖宫，内隔为二，左宫内祀胡宗宪及其二位夫人，坐式塑像；右宫祀戚继光及其夫人王氏、子祚国，亦坐式塑像。暖宫左右配祀送子娘娘、观音菩萨、文殊菩萨、判官、土地公、土地婆，皆有较小神龛及塑像。正殿右间主祀关公、关平、周仓，配祀财神和"马夫菩萨"（乡人语）。正殿左间及殿前两厢现为仓房。此庙将戚继光与菩萨、诸神共祀一殿，祠祀方式在浙闽沿海一带具有一定代表性，是百姓将戚继光神化的有力佐证。1982年5月，该庙被列为县级重点文物保护单位。

此外，《慈溪市志》和《宁波市志》还提及"雁门乡上梅林庙"亦祀戚继光，惜其记载方位不详。实地查勘，乡人亦不知其迹，现已不存。

白水洋戚公祠：在浙江临海市白水洋镇驻地南侧的普塘山北麓，为仿明建筑，占地5394平方米，建筑面积1294平方米。主建筑为戚公祠、蓬莱阁，附属建筑有房舍5间、刊墙1面，均依山势而建，错落有致。戚公祠高于山下大路50余米，由三层石阶递上，背倚普塘山林，幽雅肃穆。明嘉靖四十年（1561年），戚继光率军溯灵江而上，在白水洋的常风岭、朱家院等地全歼倭寇一股，此即著名的白水洋大捷，后人为纪念戚继光抗倭功绩，在白水洋建祠纪念。1993年移于今址重建，并立《戚继光记功碑》于祠前。

戚公祠坐南面北，进深16米，横阔25.8米，为单层飞檐庙宇式建筑，屋面开山，脊置六兽，覆红褐色琉璃瓦。单檐下椽木出头，雕饰夸张而丰满，颇具明雕风格。南侧墙体外露四柱，中间木栅格，居中开门。门侧柱上镌楹联，内楹为："南浙青山未忘嘉靖抗倭战，东溟碧浪永志参戎卫国勋。"外楹为："四百年前人

间豪杰人称赞,千秋史上民族英雄民景仰。"门上高悬"戚公祠"黑底金字匾额。祠内有8根红柱,镌有楹联4副。北墙下设3.5米高神龛,内置戚继光戎装金身坐像。神龛前设供桌、蒲团。西墙下台上塑戚继光当年麾下战将陈大成、丁邦彦戎装立像,东墙下台上塑戚继光当年参加白水洋之战的当地人士朱、叶二义士立像,皆栩栩如生。北壁两侧分别绘有《白水洋上峰岭大战》和《白水洋朱家院歼倭》巨幅彩画。

临海市戚公祠

　　该祠堂规模宏敞,壮丽巍峨,是浙江沿海人民近年修复的戚继光纪念性建筑中规模较大、具有代表性的一处。

　　新河戚武毅公祠:在浙江温岭市新河镇披云山北麓。嘉靖年间于此地建戚公祠,后毁坏。1989年新河人民集资在原址重建,易名"戚武毅公祠"。该祠坐西面东,正门北向,地势东低西高,梯次递上,依次为山门、门厅、下天井及展室、上天井、正殿和办公用房,均为庙宇式建筑。总占地面积1200平方米,建筑面积420平方米。山门为四柱重檐歇山式结构,四方翘角,玲珑别致。入正门有十数阶石级通经门厅。下天井东北角有一天然石景,名"松岩",是开山建祠时原地留下的奇景;北侧设有展室3间,陈列戚继光浙江抗倭组画及名人纪念性书画50余幅,展室东邻为一游人休息室;西南角立有3尊明代石狮;正西有石阶与上天井相

通。正殿三开间，为二层楼阁，翘角飞檐，气势雄伟。殿内底层西壁下立有戚继光戎装坐式石雕像，高3.5米（其中底座高0.7米）。左侧立《南塘戚公奏捷实记》碑，立于明代，已被列为省级重点文物保护单位；右侧立有《戚公传略》碑和《重建戚公祠记》碑。

该祠南侧建有戚继光纪念馆，还有长廊、碑廊、抗倭群英大型浮雕、沿山石栏杆等配套设施。

健跳戚公祠：在浙江三门县健跳村。明嘉靖四十年（1561年），戚继光在健跳抗击倭寇，后人为了纪念他，建祠奉祀。该祠原为四合大院，后改为健跳小学。今只剩3楹，二层楼，系硬山顶穿斗式结构架。

于山戚公祠：在福建福州市于山顶白塔东。明嘉靖四十一年（1562年），戚继光率戚家军援闽抗倭班师回浙时，福建官绅在于山平远台设宴饯别，汪道昆（太函）为其勒石纪功。后人于万历年间在平远台北建戚公祠。清道光年间祠毁于火。1918年集资重建，即成今日规模。戚公祠坐北面南，砖木结构，三面复墙。其外砖墙厚0.6米，石勒脚高0.55米；内墙竹土混合，与砖墙间隔1米。殿阔15.5米，进深10米。单檐歇山顶，前有明廊。正面屏门木栅格，门上悬"戚公祠厅"匾额。地面铺斗底砖。厅中祀戚继光戎装坐像，大若常人，方颐隆准，坚强刚毅，系工人雕塑家陈世善创作。厅内东西壁及戚继光坐像两侧为玻璃看橱，内悬《海疆倭患》《率兵援闽》《三战三捷》《平远庆功》4幅历史画卷，陈列戚继光的手书刻石"独醒石"拓片、戚继光纪功碑残石和《纪效新书》《练兵实纪》以及光饼、泥擂、倭刀等文物复制品。戚公祠附近有醉石、醉石亭、平远台、蓬莱阁等相关景点和建筑。

郁达夫1936年游戚公祠所题《满江红》词镌于祠东南角石壁上。1961年9月，该祠被列为福州市重点文物保护单位。

福清戚公祠：在福建福清县融城镇西门路边，为硬山顶土木结构。明嘉靖间，倭寇扰乱福清，戚继光数度入境清剿，全面告捷。福清人民为纪念他而建祠奉祀。戚公祠由前殿、后殿和左右回廊及厢房组成。大殿面阔19.8米，进深6米。前殿大门上方悬竖匾，上书金字"戚公祠"。该祠建

福州市于山戚公祠

成后，每年春秋两季奉祭，民国后期停止。1987年11月23日被列为县级重点文物保护单位。

（2）纪念性碑刻及碑亭

斩倭八百碑：在浙江临海市白水洋镇戚公祠前第二层平台左侧，面北而立。高2.3米，宽0.82米，厚0.19米。正文楷书，共31字："大明加（嘉）靖辛酉夏五月甲子以参将戚继光与倭贼战于此，大败之，斩首八百。"嘉靖四十年（1561年）五月一日，戚继光率军在白水洋的常风岭、上峰岭、朱家院全歼倭寇一股约800名。战后立碑于朱家院，曾与戚继光联手抗倭的唐尧臣撰碑文，记白水洋之战，表戚继光功绩。后碑毁，1924年秋重立，即现存之碑。此碑原存白水洋小学院内，1993年建戚公祠时移置于此。

大都督南塘戚令公去思碑：明嘉靖四十年（1561）四至五月间，戚继光率戚家军在浙江，给来犯倭寇以沉重打击。万历四年

(1576)在健跳建戚公祠,并立此碑,以彰其功勋,而表去思。碑高1.77米,宽0.98米,厚0.13米。碑文楷书30行,足行58字,计1700多字,笔力苍劲浑厚,可惜中部文字已模糊不清。此碑现存于健跳镇人民政府院内。

"明戚继光将军绝倭处"碑:共两方,在浙江台州市黄岩区金清镇汇龙桥两端,为明嘉靖年间乡民为纪念戚继光在此歼灭倭寇而立。后桥与碑皆损坏严重。20世纪80年代初,乡民重建汇龙桥,树碑如旧,刻原文。

《南塘戚公奏捷实记》碑:在浙江温岭县新河镇戚武毅公祠内。嘉靖三十八年(1559)三至四月,戚继光与谭纶联手于桃渚、海门(今椒江)等地大创倭寇。倭寇退至新河,构筑工事,企图负隅顽抗。五月十日至十五日,戚继光分兵合击,将据守新河之倭寇一举全歼。嘉靖四十一年(1562),太平(今温岭)知县徐钺撰文记之,并立碑于当时的新河戚公祠内。碑高2.18米,宽3.09米,碑文62行,足行42字,碑文楷书。民国时期祠因年久失修渐圮,碑亦断为三截。1963年移碑于新河区文化站内保存。1989年戚公祠迁址重建,易名"戚武毅公

斩首八百碑

祠",再移此碑于祠内,修复展出。此碑现为浙江省重点文物保护单位。

戚继光表功碑残碑:在福建福州市于山戚公祠内。残高1.62米,宽1.2米,厚0.19米,残文5行,可辨者48字,称戚继光黄岓、牛田、林墩之战为"闽地百世之战"。据史料记载,碑原在戚公祠南平远台侧,汪道昆撰文,立于明嘉靖四十一年(1562)戚继光第一次入闽抗倭班师、于平远台与当地官绅饯别之际。后碑断为数截。1918年重建戚公祠时,将仅存的残碑移于祠内。

大参戎南塘戚公表功碑:在浙江临海市区东湖石刻碑林内,立于明嘉靖四十三年(1564)。此碑原在临海东门谭公(谭纶)祠内,1958年与谭纶画像俱移于此。碑高2.3米,宽0.95米,碑额由王宗沐篆书"大参戎南塘戚公表功记"10字,秦鸣雷撰文,正文16行,足行83字。碑文叙述了嘉靖三十四年至三十九年(1555年—1560)浙东沿海几次主要的抗倭战役经过,赞扬戚继光爱国之心、治军之才和抗倭作战之功。1962年该碑与谭纶画像碑一同被列为浙江省重点文物保护单位。

《南澳镇城汉寿亭侯祠记》碑:在广东南澳大衙口碑廊内。明嘉靖

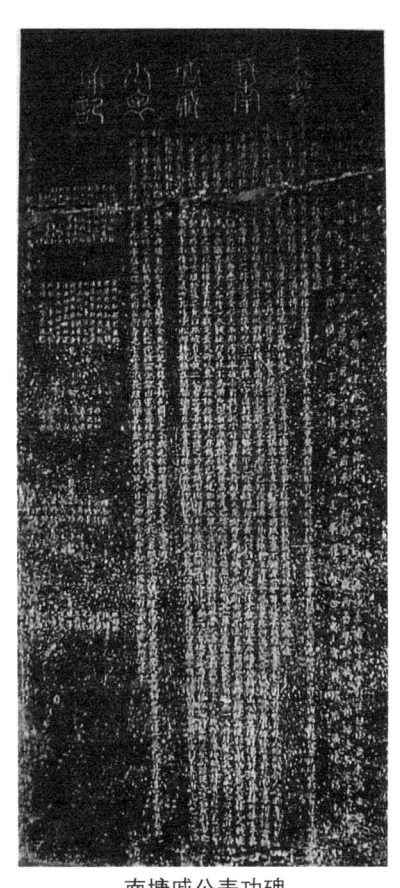

南塘戚公表功碑

四十四年（1565）九月至十月，戚继光会同俞大猷出奇兵一举扫平盘踞南澳岛海盗集团万余名，"一日夜俘斩三千级"。万历十一年（1583），南澳地方官率民在汉寿亭侯祠（关公庙）前东侧立此碑。碑立式，高 2.32 米，宽 0.96 米，楷书，正文 30 行，足行 54 字，由何敦复撰文。文叙汉寿亭侯当年托梦戚继光，使戚、俞联军攻剿吴平等海盗获胜的经过，歌颂汉寿亭侯功绩。"文化大革命"时期祠毁，碑存于驻军营地，1982 年移于今址。

连江戚公碑：在福建连江县西关外观音阁旁。立于明嘉靖末，文曰："明嘉靖四十五年五月二日总戎戚公大破倭夷于马鼻，歼之，境内遂平。"此碑今存。

戚武毅公纪念碑和景贤亭：在浙江乐清县城西丹霞山下。1933 年秋，乐清地方官遵照"第三特区第一次行政决议立碑纪念案"，为激励抗日斗志，在此建景贤亭，亭内立戚武毅公纪念碑。"景贤"，即景仰先贤。碑由乐清县长张权梅撰文，500 余字，文赞戚继光"北守岩疆，南除外患"的功绩，号召人民"洵见贤而思齐，肆杀敌以明耻"。碑及亭侧有双瀑、观瀑亭、萧台等胜景胜迹。今碑、亭保存完好。

戚公继光平倭纪念碑：原在浙江瑞安县城区瑞安公园内，立于 1933 年秋季。高 4.1 米，宽 0.82 米，厚 0.6 米，为花岗岩质地，碑文隶书、阴刻。碑座方柱体，高 1.6 米。今碑已不存，但留有照片多幅。

戚公亭及戚公继光平倭纪念碑：在浙江台州市椒江区界牌乡沙王村南，西邻洪家倭冢。亭坐西面东，四角飞檐，石质建筑。柱上楹联："小坐听松涛万斛，闲谈看倭冢千堆"。亭内立有《戚公继光平倭纪念碑》。碑高 2.30 米，宽 0.80 米，厚 0.04 米，立于 1946 年，正文 145 字，叙戚继光台州抗倭功绩并表缅怀之意。

1958年碑亭拆毁，碑及亭柱（有楹联）今存路椒公路界牌段岩头庙中。

(3) 纪念性亭台楼阁

白水洋蓬莱阁：在浙江临海市白水洋镇戚公祠西北侧。建于1993年，以戚继光故乡山东蓬莱有阁名"蓬莱"，因建蓬莱阁于戚公祠侧，以慰戚继光英灵乡思之情。阁为仿古建筑，屋面开山，单层飞檐；前明廊明柱4根；正门3楹上方悬"蓬莱阁"黑底金字匾额。阁进深5米，横阔9.4米，南、北各开窗2扇，木栅格窗棂阁内现辟为"戚继光台州抗倭"展览陈列戚继光画像、台州大捷示意图及"首战桃渚"、"保卫海门卫"、"常风岭大捷"、"白水洋人民的纪念"等刊版18块。

于山蓬莱阁：在福建福州市于山戚公祠东北25米处。占地48平方米，为二层砖木结构，翘角飞檐，四面砖墙开窗，外观系中西合璧形制。每层三间，一明两暗，各层间以木扶梯联结。1918年建成戚公祠时此处建二层木构八角亭，取名"复亭"。抗日战争时期改建为阁，并以"蓬莱"名之。

于山平远台：在福建福州市于山顶五老岗前。始建于宋代，先后三易其址。宋台址在于山第一峰。明宣德年间重建，移址鳌顶峰西，台旁上刻"平远台"三字，为全山二十四奇景之首。嘉靖四十一年

临海戚公祠前的蓬莱阁

（1562），戚继光率兵入闽抗倭，十月十二日班师回浙时，福州官绅在设宴饯别，勒碑记功，为平远台留下千古佳话。清初台毁，康熙五十二年（1713）改建为万寿亭。1933年，抗日名将、第十九路军副总指挥蔡廷锴捐资，在今址重建，以激励抗战士气。台为三层砖混结构。一层为三面红砖墙，进深6米，横阔13米，分3间，大厅面宽5米，置戚继光戎装胸像，旁二厅各宽4米，悬挂介绍戚继光生平事迹的图画38幅；厅正面14花格屏门。二层进深8米，横阔15米，水泥地面，三向明廊，水泥栏杆。台中央为红砖小屋，进深4米，阔4.5米，三向开门，屋顶平。二层至三层，历阶19级，台上纵横各5米，水泥地面和护栏，造型古朴。有跨桥与其北面山上胡戚公祠相连。

　　于山平远台在于山山巅北侧塔峰旁，有一巨石，石顶平阔，石北侧镌"平远台"三个大字，因石旁一株龙树根系发展，"平"字上部已被遮掩。该石左近有古代石刻多处。

　　醉石和醉石亭：在福建福州市于山戚公祠左，有数方岩石累叠，一石形如床榻，长约4米，宽约3米，高约1.5米，其侧镌"醉石"二字。明嘉靖四十一年（1562），戚继光宴后在此石上酣睡，"六军一醉海天月，山中草木皆轩昂"一时传为佳话。1918年重建戚公祠时在此石前建成醉石亭。亭面北而立，石结构，六柱，尖顶平檐，柱上楹联两副，其一曰："砚山遗爱追牟子，滁郡流风统醉翁"。亭内有石桌、石凳，四周林木参天。

　　（4）纪念馆陈列馆

　　蓬莱戚继光纪念馆：在山东省蓬莱市水城振扬门北侧，建成于1995年。坐北朝南，为中轴对称式二进院落仿古建筑，占地3220平方米，建筑面积1070平方米。主体建筑有门厅及左右耳房、

戚继光

正殿、后殿和两对配殿，附属建筑有门前"忠"、"孝"字碑亭，正殿两侧廊庑及联结于各主体建筑间胡回廊。该馆共设6个展室，设置"少年戚继光"、"水城训练水军"、"山东备倭"、

蓬莱戚继光纪念馆

"清除叛党"、"训练新军"、"台州大捷"、"横屿之战"、"著书立说"、"镇守蓟州"、"蓟州百姓颂戚帅"、"群英聚会"等场景，借助于彩塑、浮雕、壁画等艺术形式，采用前人物后场景、前雕塑后绘画的人物与场景相结合的艺术表现手法，再现了明嘉靖至万历年间戚继光山东海防备倭、浙闽沿海率戚家军扫荡倭寇、镇蓟期间修筑长城和生擒董狐狸等历史场景。同时陈列戚继光战刀（复制）、光饼、戚家军兵器及戚继光所著《纪效新书》《练兵实纪》《止止堂集》及其后人所纂之《戚少保年谱耆编》等书籍。该馆共有彩塑127尊、壁画1500平方米、浮雕

戚继光纪念馆正门

200平方米，是国内采用雕塑、浮雕、壁画等艺术表现形式最多的纪念馆之一。该馆是进行爱国主义教育的重要场所，已被列为山东省优秀社会教育基地。

蓬莱水城

椒江戚继光纪念馆：在浙江台州市椒江区东山西南麓，戚继光路100号。明初为城隍庙。嘉靖四十年（1561），戚继光首任台金严参将时屯兵于此。4年间，率戚家军转战台州各地，历经桃渚、新河、花街、白水洋、海门、太平、长沙等战，大创倭寇，使之不敢再犯台州。戚继光离任后，海门人民为缅怀他的功绩，于城隍庙戚家军屯兵处建戚公祠，奉以香火。清同治间和光绪三十一年（1905）重修。新中国成立后又于1962年、1984年修缮，1986年辟为"戚继光纪念馆"，正式对游人开放。

该馆正门坐北面南，为中轴对称式布局，由南向北依次为照壁、水池及池上拱券式石桥、前殿（二层楼体）、

蓬莱水城炮台

戚继光

戏台、二进院落、水池及池上平板式石桥、看楼及两侧翼楼、中廊、后殿及两侧偏殿，占地2010平方米，建筑面积1160平方米。全部建筑置于两个平面，以二进院落与看楼衔接处为界，高差约4米，由陡峭石阶相联结。参差的地势，加之对称的格局和恢弘古朴的建筑风格，构成庄严肃穆、高山仰止的气氛，令人驻足其间，油然而生景仰之情。

台州市戚继光纪念馆

该馆前殿、看楼、后殿等主体建筑以明、清风格为主，木结构。墙体上部为木栅格窗棂，下部砖砌；梁架穿斗式；双重飞檐，歇山顶；屋面覆以小青瓦，印纹滴水帽头。最为突出的是屋面起脊高，檐角高飞。屋脊以透雕或浮雕青砖支立，高约20厘米，转角及交点饰以龙形，取"以水镇火"之

台州市戚继光纪念馆看楼

临海市戚继光纪念馆

意。此外，该馆建筑极具装饰性，如屋脊的砖雕，龙饰，印纹滴水帽头，高飞的檐角，歇山处的浮雕，栅格窗棂，雕饰梁柱，看楼前后重檐间的花墙、浮雕，一进院落的花墙、石桥扶栏等，无不精致古雅。

该馆后殿塑有戚继光戎装坐像。坐像上方悬"威镇海疆"匾额，为著名书法家沙孟海所书。馆内还悬有冯玉祥、张爱萍等名人所题匾额多方。偏殿通联看楼现设为两个陈列室，陈列内容以戚继光抗倭活动为线索，将文献、文物、图表、照片、模型等相组合，共11个部分，依次是："明代沿海倭患"、"初战浙江"、"屯兵海门卫"、"建立戚家军"、"台州大捷"、"转战福建"、"共同作战的战友"、"人民群众奋起抗倭"、"杰出的军事学著作"、"英雄的晚年"、"人民的怀念"。该馆已列为县级重点文物保护单位、省级爱国主义教育基地。

白水洋戚继光纪念馆：在浙江临海市白水洋镇上峰村东，南临永安溪，故又称"临江庙"。据民国《台州府志》载：嘉靖年间当地百姓根据"常风岭戚继光斩子"传说，曾集资兴建太尉殿，祀戚继光之子"戚太尉"。明末庙圮。清代重建，套有院墙，占地460平方米，建筑面积300平方米。新中国成立后增建山门内两侧房屋

5间，后改称"戚继光纪念馆"。现为县级重点文物保护单位。该馆依山而建，地势较高，山门前有陡峭石阶40余级贯通村东开阔地及沿江公路。正门两侧楹联为："继往开来用绥领海，光前裕后长固国门。"正殿远观如亭，双层穹窿顶，层间开天窗4面。东、北、西三面为砖石墙体。殿内塑有戚继光戎装坐像和俞大猷、戚太尉戎装立像，东、西内壁绘有"花街大捷"、"上峰岭大捷"图画。梁间悬"英魂永驻，不忘国耻"、"肃然起敬"等名人题字。

台州市戚继光坐像

桃渚抗倭陈列馆：在浙江临海市桃渚镇桃渚城内。为中轴对称二进式布局，主建筑位于中部，前后有院。1993年落成，占地810平方米，建有陈列厅5间、管理用房2间、售票房1间，四周套有高大院墙（墙上压檐），建筑面积约200平方米。远观该馆，青瓦粉墙，古朴庄重，富有地方特色。

正门南向，为山门式，高5.1米，上有船形双向翘檐，门洞上方镌"桃渚抗倭陈列馆"字样，门洞两侧镌篆书对联一副。一进院落有甬道可与5间陈列厅相通，间植花草树木，景致宜人。陈列厅为砖石结构平房，单檐硬山，青瓦粉墙，在一进院落北"一"子排

开。中厅为主厅，厅门两侧镌楹联："怀古何须游赤壁，御侮谁不忆桃渚。"横批："砥砺山河"。正厅内立有戚继光戎装按剑立式玻璃钢塑像，高2.8米，雄壮威武。东（一）厅陈列与台州抗倭有关的文物和史料，主要有戚继光手迹《送小山李归蓬莱》、戚继光战刀（复制）、鸳鸯阵泥塑照片（摄自椒江戚继光纪念馆）、戚继光著作《纪效新书》《练兵实纪》《止止堂集》影印件，台州抗倭主战场示意图、明人周世隆《太平抗倭图》、山东蓬莱阁照片、桃渚《新建敌台碑记》碑文拓片、临海《谭纶画像碑》拓片、明人齐鸣雷撰《大参戎南塘戚公表功记》碑拓片和介绍、研究戚继光及台州军民抗倭的小册子等。东（二）厅陈列名家纪念性书画作品27幅。西（一）厅陈列反映戚继光台州抗倭过程的组画20幅及有关说明文字。西（二）厅陈列反映桃渚省级风景名胜区风光的照片43幅。

该馆现已成为临海市国防教育基地和青少年德育教育基地。

金乡戚继光纪念馆：在浙江苍南县金乡镇狮山南麓。建于1994年，占地670平方米，建筑面积440平方米，有牌楼、馆舍及管理用房等建筑。该馆正门南向，为一阔约8米的牌楼，额题"民族英雄戚公祠"，为张爱萍将军应金乡镇政府所请而题。牌楼内有甬道经梯级广场与主建筑相连。主建筑为砖混结构庙宇式楼阁，双重檐，上覆小青瓦，翘角飞檐，顶层歇山。底层三开间，横阔9.8米，进深7米，南面设14扇栅格木门，6根明柱镌有三副楹联。室内立有戚继光戎装坐姿塑像，悬挂戚继光画像和舒同"古今完人"、张鹏翼"卫我海疆"、侯传洲"光照千秋"等匾额，两侧陈列戚继光浙江抗倭事迹展览、鸳鸯阵木雕模型、戚继光反侵略进军示意图、戚继光著作等展品。二层东、南、西三面有木栅格窗

棂，外有周匝明廊和石栏杆，室内壁上悬有名人纪念性题词题联20余副，有《戚继光纪念馆碑志》《戚公纪念馆集资和乐助碑志》等碑刻。

据史料记载，戚继光曾两度亲临金乡卫。一次是嘉靖四十一年（1562年）八月，率军自温州经海道抵达金乡，后取道蒲壮所，入闽抗倭；一次是隆庆初北上途中曾扎营金乡卫城西郊，并留下部分官兵屯田。现在的金乡话就是当年屯田官兵的浙北方言与苍南方言长期融合而形成的语音体系。如今在金乡镇，"戚"是大姓。据考，他们的祖先多是当年在金乡卫屯田的戚家军官兵，为表纪念，在戚继光离去后改姓"戚"。戚继光纪念馆即由金乡戚氏首倡而集资兴建。

（5）纪念性塑像和雕像

由于戚继光的民间影响，在他当年活动过的地区，立有多尊他的塑像和雕像，其中以浙江、福建沿海一带和山东蓬莱尤为集中。在浙江、福建沿海，几乎涉及他的所有祠庙都有他的塑像或雕像。如椒江戚继光纪念馆、福州于山戚公祠和平远台、临海市桃渚抗倭陈列馆、慈溪市龙山下梅林庙、三门县健跳戚公祠、温岭市新河戚武毅公祠、福清市融城戚公祠等。这些塑像或雕像所表现的戚继光，除福州于山平远台一层展室中的铜像为戎装半身像外，余皆为戎装全身立像。或坐或立，仪态威严。在蓬莱，仅戚继光纪念馆就有他由少年至晚年不同时期的塑像11尊，戚武毅公祠还有他的戎装全身坐像，水城太平楼前耸立着他的戎装全身立像。此外，天津蓟县黄崖关长城前、安徽定远南塘村也有他的室外雕像、铜像。

在涉及戚继光的祠庙和纪念馆、陈列馆中，配祀并塑（雕）像

的抗倭人物主要有王夫人、戚祚国、戚狄平（或称"戚小将军"，传为戚继光义子）、胡宗宪、俞大猷、陈大成、丁邦彦及各地协助戚继光抗倭的义士。慈溪市下梅林庙主祀戚继光、胡宗宪，配祀戚继光夫人和其长子、胡宗宪二位夫人等。

蓬莱水城戚继光塑像：位于山东蓬莱市水城内太平楼南侧，1987年为纪念戚继光逝世400周年而建。塑像立式，高7米，水泥质地，有方柱形底座，表现年轻的戚继光身着戎装，按剑俯瞰水城的雄姿。

太平寨戚继光雕像：在天津蓟县太平寨遗址北侧高峻的山梁上，其北约百米现为太平寨长城登城处。花岗岩质地，高8.4米，1987年立，表现戚继光戎装屹立，按剑俯视山下谷道的雄姿。雕像底座南侧镌刻碑文，简述戚继光生平和镇蓟时修建长城等功绩。

南塘村戚继光铜像：在安徽定远县城西乡南塘村中心街口，面东而立。碑座方柱体，花岗岩质地，截面1.5米×1.5米，高4.6米，东侧有"民族英雄戚继光"7个阴刻行书大字，碑座下方四面铭《戚继光生平》等碑文。碑座之上为铜像，高3米，表现戚继光戎装跃马检阅三军的雄姿。该铜像立于1994年，基座周围有60平方米的圆形花坛。

慈惠宫大众爷雕像：在福建平和县山格镇慈惠宫内，有称为"大众爷"的木雕全身坐像一尊。据该县史志部门和庙里管理人员介绍，其原型为"大总爷"。其像乌面长须，着官服，戴有双翅王冠。其侧祀阵亡将士神龛及牌位。据清康熙版《平和县志》记载，嘉靖四十三年（1564）二月，时任总兵的戚继光曾在平和县汤坑（今山格镇）一带抗倭，"斩首数百级，官兵死者八十余人"。

戚继光

## 3. 民间习俗文化活动

在戚继光当年活动过的地区，尤其东南沿海一带，民间有相当一部分节俗、食俗和民间文艺形式、民间体育形式与他有关；温岭新河的九月初九、仙游虎啸潭的龙舟竞渡等至今还沿袭着与戚继光有关的祭祀活动。戚继光的民间影响在相关地区地方文化的各个方面均有不同程度的表现，且内容相当丰富。

（1）民间节俗

**素色春联和白头春联**：福建省福清、莆田、仙游等县（市）民间贴春联，前一年有丧事的人家贴的春联为素色（多为绿色），一般人家则在红色联身上方留出约10厘米长的白纸额头，俗称"白头春联"。相传，明嘉靖四十一年（1562）除夕，倭寇入侵福清，人们纷纷逃难而去，待戚家军击溃倭寇后返回家园，许多未及逃走的人已不幸蒙难。人们在补过除夕的同时，为了表示对死者的哀悼，丧家贴素色春联，亲戚朋友则贴白头春联。此俗演变至今，民间过春节除了丧家贴素联不变外，一般人家（不论是否丧家亲朋）一律贴白头春联。

莆田、仙游"白头春联"的来历还有一说：明末清兵攻陷兴化（今莆田）府城，按例屠城后，家家办丧事贴白联。到了春节，清政府强迫百姓庆祝"新朝新岁"，否则杀头。百姓不得已贴了红联，但在对联身上方留出白额，以表示对死难者的哀悼，后来沿袭成俗。

**拜初二**：古称"跪新座"，今又称"拜神座"，是福建省福清民间独有的习俗。正月初二这一天，凡上一年有成人去世的家庭，都要给亡灵设置灵座，供亲戚朋友前来吊唁。相传，明嘉靖四十一年底（1563），戚继光击溃入侵福清的倭寇，逃难的百姓纷纷回家过

131

年，正月初一早上见面互道恭喜、互祝平安后，第二天就到死难者家中吊唁。后来沿袭下来，成为福清特有的风俗。至今，人们初二仍不随意串门。初二上门吊唁者，必须在前一天登门拜年，否则就触犯了禁忌。

做大岁：福建省莆仙方言区有正月初五"做大岁"的习俗。相传明嘉靖四十一年（1562）十一月间倭寇攻陷兴化府城（今莆田城），百姓连夜逃散。待倭寇闻知戚家军再来福建、匆匆逃离兴化后，人们才纷纷返回家园，于二月初四补过除夕，合家团圆，吃年夜饭；正月初五早为新年正月初一早，俗称"做大岁"，一切如仪。此俗至今仍流行于莆田、仙游全境及福清、永泰之一部（莆仙方言区）。

正月十四元宵节和"间间亮"：浙江省台州市所属之椒江、临海、黄岩、三门、仙居等县（市、区）民间，元宵节期与国内各地有异，为正月十四夜，俗称上元节、元夕节、灯节。相传明嘉靖间某年正月十四，戚继光率军追歼逃窜的倭寇，台州百姓到处张灯点烛，协助戚家军搜索残倭。后人为了纪念这次事件，改正月十五元宵节为正月十四。是夜，挂彩灯，放烟花，食糟羹，家家户户还要在每个房间地上点烛，称"间间亮"；送灯至祖坟，称"照坟墩"；而后男女老幼上街观灯，直至深夜。此俗沿袭至今。

临海民间还有说是戚继光在台州抗倭时，因作战机密泄露而把元宵节提前一夜的。

虎啸潭龙舟竞渡：每年农历五月初五，福建仙游县人民都要在市区南门外的虎啸潭举行龙舟竞赛。此俗早先为纪念战国楚大夫屈原，明嘉靖以后转为纪念戚继光与妻弟"王将军"。明嘉靖四十二年（1563），倭寇万余众围攻仙游城，情势危急，戚继光与谭纶分

## 戚继光

别率兵来援。戚家军于十二月二十六日五更强渡南城门外木兰溪段（虎啸潭），直捣城下倭营。攻城倭寇惊呼"戚虎来了"，抱头鼠窜。戚、谭两军夹击，扫荡倭寇，获大胜。此役，明军战死者约300人，相传戚继光妻弟王某在强渡虎啸潭时溺水身亡。仙游人民为纪念这次战役，在城里、城外分别建崇勋祠祀奉戚继光、谭纶，并祀王将军及其他死难烈士，于枫亭立《戚总戎纪功碑》。每值五月初五端午节，都以隆重的仪式将城内崇勋祠中祀奉的王将军塑像"迎"至虎啸潭边，并在虎啸潭上举行盛大的龙舟竞赛活动。此俗沿袭至今。

中秋拖石和火把游行：福建霞浦、宁德民间，每年八月十五中秋节都要进行拖石和火把游行活动。此俗源自戚继光宁德抗倭。传说：明嘉靖四十一年（1562）中秋之夜，戚继光组织樟湾百姓在城中点燃火把、灯笼，燃放烟花、爆竹，拖石而行，给盘踞横屿的倭寇以戚家军正与百姓欢度中秋佳节，不拟出兵攻岛的假象。下半夜戚家军悄然直逼横屿，打得倭寇措手不及，一举全歼横屿倭寇。宁德城和霞浦传说：嘉靖四十一年（1562）戚继光坐镇宁德府城（或霞浦县城），派遣戚家军前往福宁抗倭。某夜，一股倭寇乘虚来犯，戚继光组织城中百姓执火把沿街拖石而行，来犯的倭寇闻声，以为城中有重兵调动，仓皇退去，府（县）城得以保全。百姓为纪念戚继光巧施拖石计，此后每年中秋之夜都点燃火把、灯笼，燃放烟花，拖动大石沿街而行，官府"亦顺民情而不忍禁"。此俗延续至今，只是宁德拖石已改为拖竹排。

八月十六过中秋：浙江省台州市所属之椒江、临海、黄岩等县（市）民间，中秋节期与国内各地有异，为八月十六日。相传，当年抗倭形势吃紧，戚继光率军于中秋之夜扫荡倭寇，获全胜。次日

夜，军民同庆抗倭胜利，并补过中秋佳节。后来为了纪念这一事件，百姓过中秋总是推迟一天，相沿成俗。

新河九月九浙江省温岭县新河镇旧俗：每年九月初九夜，新河百姓都要在戚武毅公祠前张灯结彩，举行迎神仪式，而后进行各种群众性娱乐活动。此俗说是为了纪念戚继光当年于九月初九夜进驻新河。

(2) 民间食俗

光饼：又称继光饼、肚脐饼，是浙江省台州市、温州市所辖各县（市）及福建省莆田市、宁德市所辖各沿海县（市）民间常见的面食。它以小麦粉兑水调匀，烧制而成，其形扁圆，直径6~10厘米，中有一孔可穿绳。据传当年戚继光在浙、闽沿海抗倭时，戚家军以光饼穿绳缚扎于腰间，充战时干粮。台州地区民间传：此饼为戚继光首创，故又称"继光饼"。据浙、闽沿海方志记载，明嘉靖年间当地百姓多赶制此饼送给戚家军，以充军粮。光饼食俗沿袭至今，制作形式已有所变化，如在光饼中普遍掺兑白糖、光饼上不再打孔等。此外还有一些光饼的派生品，如温州光饼夹馅，福清光饼表层沾有芝麻。福清夏饼走得更远，不仅无

福清市民间光饼

孔、饼面沾芝麻，而且夹以熟肉、熟蛏、熟蛤或海苔，使之香脆可口，味道鲜美。饼面有"状元骑马"、"观音送子"、"猴子抢桃"、"弥勒欢笑"等多种图案。

糟羹：又称糊糟羹、粉菜羹、绺糟羹、元宵羹，是浙江台州市所属各县（市、区）和宁波市之宁海民间元宵节期间普遍食用的风味食品。它以薯粉或藕粉为主料调制，分咸、甜两种。相传，嘉靖年间，戚继光抗倭过境，军民粮尽，百姓只能用野菜混合少量的米、面煮制成糟羹，支援抗倭，后来相沿成俗。据当地方志记载，民间元宵夜家家烧制糟羹。儿童成群结队，手提彩灯，挨门逐户赶吃糟羹。谁家的糟羹做得好，吃的人多，谁家就会发达。咸糟羹多以肉丁、冬笋丁、年糕丁、豆腐干丁、香菇丝、蛏肉、牡蛎肉、虾皮、川豆瓣、花生仁、盐等为佐料；甜糟羹则以红枣、葡萄干、桂圆肉、橘饼、莲子、荸荠、冬笋、红萝卜、花生仁、白（红）糖等为佐料。临海、椒江、黄岩、温岭、玉环等地正月十四夜食咸糟羹，正月十五夜食甜糟羹；三门、天台、宁海等地甜糟羹一般有新媳妇的家庭才做，称"新妇糟羹"；仙居则正月十四夜食咸糟羹，正月十五夜食咸杂粥。

酱烧猪头：浙江省奉化市有一道风味点心叫"酱烧猪头"，是用猪头肉和咸光饼加冰糖制成的一种拉丝，味道香、脆、甜、鲜，既可下酒，又可当点心，是酒筵上的一道名点。相传，当年戚继光率戚家军在奉化抗倭，奉化百姓抬着猪头、老酒前去犒军。由于戚继光有令在先，戚家军不收酒肉，只收部分光饼作军粮。奉化百姓就把猪头肉切成光饼大小和光饼烧在一起，送到戚家军营，说送的是"光饼"。戚家军以为奉化光饼就是这模样，于是收下了。后来为了纪念戚继光，每逢吉庆节日，奉化人都要制作这一食品，经代

代相传，逐步改进，终于形成了今天的奉化名点。

(3) 民间文学

戚继光率戚家军在浙闽沿海抗倭的事迹以民间文学的形式在民间广为流传。其中，散文类民间文学大致有抗倭故事、治军故事、机智故事、习俗传说、地名传说、亲属部属传说和神话传说等7类。抗倭故事主要有《三门岭一冲炮》《狼筅破倭刀》《奋战海门卫》《三箭射三酋》《六要金条》《借潮》等。治军故事主要有《戚继光斩子》《重责娘舅》《丽水招兵》《以金试兵》等；机智故事主要有《妙对显奇才》《挥泪斩赵武》《蛇点显威风》、等；习俗传说主要有《中秋拖石的来历》《继光饼的传说》《正月十四食糟羹的来历》《"酱烧猪头"的传说》《中秋食芋艿的来历》《虎啸潭龙舟竞渡的来历》等；地名传说主要有《麒麟井》《大天井》《筑头街的传说》《假山头的传说》《飞凤山》《敲榔岩》《展旗峰》《少保胡公庙》等；亲属部属传说主要有《王氏桥》《宝聚和尚》《巧遗空城计》《戚夫人夜袭倭寇》《戚夫人巧施空城计》等；神话传说主要有《三支神箭》《箭射箬鳎精》《降服桃渚龙》等。其中以地名、习俗传说和抗倭故事居多。韵文类民间文学大致可分为古谣、儿歌、生活歌等3类，以儿歌居多。这些故事、传说和歌谣言辞恳切，世代相传，充分反映了浙江、福建沿海人民对戚继光的敬仰之情。

(4) 民间戏剧

浙江、福建沿海当年戚继光曾战斗过的地区，民间一直流传着关于戚继光的俚俗戏剧，其历史可溯至嘉靖后期。这些民间戏剧多以民间传说为原型，制造戏剧冲突，塑造人物形象，热情讴歌戚继光当年抗倭保民的历史功绩。以浙江省台州市、温州市和福建省宁

德市、莆田市现今所属的县、市、区及河北省迁西县民间最为流行，涉及的剧种有越剧、高甲戏、闽剧、京剧、话剧、乱弹、木偶剧等，抗日战争时期民间和官方演出团体多有演出，新中国建立后50年代初至60年代中期许多县级剧团也曾组织演出。"文化大革命"后，戚继光题材的戏剧是浙、闽沿海最早解禁的舞台古装剧之一。主要剧目有越剧《戚军令》、闽剧《戚继光斩子》、话剧《戚继光平倭记》等。

话剧《戚继光平倭记》：浙江省温岭县民间很早就有关于戚继光俚俗戏剧流传，如乱弹《戚公平倭记》。抗日战争时期，新河"仁余剧艺社"根据民间乱弹剧目改编话剧《戚继光平倭记》，在城乡大张旗鼓地巡回演出，以激励抗日斗志。新中国建立后民间仍有零星演出。

越剧《戚军令》：浙江临海市民间旧有俚剧《靖海记》，常有演出。1978年临海市文艺工作者改编为越剧，易名《戚军令》，参加当年浙江省国庆三十周年献礼演出，获剧本奖和表演奖。

闽剧《戚继光斩子》：福建省福清民间戏剧剧目中有闽剧《戚继光斩子》，乡间业余剧团多在年节和喜庆节日时组织演出。1981年12月，福清县举行全县业余剧团调演，某乡镇业余社团演出的闽剧《戚继光斩子》获二等奖。

河北梆子《戚继光》：河北省迁西县民间旧有反映戚继光戍边事迹的戏剧，1981年迁西县河北梆子剧团根据民间原型，整理后赶排了历史剧《戚继光》，年终参加了唐山地区戏剧汇演。

(5) 民间舞蹈

藤牌舞：又称藤牌阵、藤牌操，流传于浙江省温州市、瑞安县、平阳县、苍南县及福建省平潭县等地民间，舞蹈动作和场面

高度因地域的不同而有所差异，相传皆源自戚继光当年所创之鸳鸯阵，突出表现盾牌（俗称"藤牌"）在阵中的作用。比较而言，温州地域的藤牌舞注重武术对打，而平潭岛的藤牌舞则注重阵式演练。这与两地的历史文化环境有关：温州有"拳窠"之称，民间尚武，且有戚继光拳流行，自明中叶以后少有藤牌舞演变的相遇，因此该舞基本上保持了较原始的状态；明中叶以后平潭岛多次驻扎藤牌军，这些藤牌军在抗击外国侵略者的战斗中屡建功勋，因此藤牌舞在民间影响大，操演普遍，历史上一直是民间自卫性组织操练的武操。藤牌舞演变至今，已具有纪念、练武、健身、娱乐等多种功效。

温州藤牌舞：又名藤牌操，表演者达40~50人，一队执藤牌、朴刀，一队持刀枪棍棒，在街口或晒谷场上排成战阵，作各种对打表演，有"绕星枪"、"虎头枪"、"梅花枪"、"猫八滚"等舞蹈动作。乐队使用打击乐器和长号伴奏。表演场面紧张、热烈、雄壮。此舞流行于浙江省温州市及所辖之瑞安、苍南、平阳等县（市）民间。新中国成立后由温州市群艺馆整理的《藤牌舞》曾参加全国性的民间舞蹈会演。

平潭藤牌舞：又称藤牌操、藤牌阵，是福建省平潭县民间常见的一种民间舞蹈。嘉靖四十三年（1564）戚家军追歼倭寇至海潭岛（今平潭岛），藤牌操随之传入平潭。明末清初，郑成功所部驻防平潭，其藤牌军演练藤牌操，并传教乡勇。不久，藤牌军赴台抗击荷兰侵略军，屡建战功。清康熙二十三年（1684），清廷调用福建藤牌军抗击沙俄侵略军，平潭藤牌操越兴。清末民初，平潭瘟疫流行，藤牌操转而成为驱魔避邪的民众健身活动，继而又在民间喜庆节日和神诞祭礼活动中表演，后逐渐演变成一种群众性的文娱活

动。平潭藤牌舞以演练阵式为主，操演的阵式依次为"一字长龙"、"双龙戏水"、"三才定穴"、"四门兜底"、"五虎靠山"、"九宫八卦"、"十面埋伏"，间有单人打、双人打、三人打等武术表演，最后以藤牌手舞狮祝捷结束。平潭藤牌舞具有场面威武雄壮、动作孔武有力等特点。

光饼舞：流传于福建福清市沿海民间。嘉靖年间，戚继光率部追剿倭寇进入福清境内，当地群众制作光饼，送给戚家军作军粮。光饼舞即反映了这一史实。光饼舞属于劳动技能性民间舞蹈，共分三部分，依次为"奔袭"、"烤饼"、"犒军"。其中第二部分"烤饼"为双人舞形式，是光饼舞的主体，利用舞蹈形式表现福清光饼的制作过程，按顺序分成点火、烤炉、贴饼、烘饼、铲饼5个小节。第一、三部分为集体舞形式。音乐、动作都具民间戏剧特色，音乐基本上是五声音阶，轻快和谐；动作中有戏剧中的小射雁步、骑马步和"八"字跳等。整个舞蹈具有节奏感强、动作幅度大的特点。1959年，经福清县民间艺人整理加工的光饼舞融入了民间儿童游戏"拍饼舞"、"顶箩舞"部分动作，当年参加福建省民间文艺汇演获得好评，1984年被收入《中国民间舞蹈集成·福建省卷》。

大鼓凉伞舞：是流传于闽南沿海民间的一种民间舞蹈。相传，嘉靖年间，戚继光率军于闽南扫荡倭寇，在一次漂亮的歼灭战之后，逃难归来的百姓纷纷抬着猪羊，敲着锣鼓，跳着的舞步，冒雨前来犒劳戚家军。戚继光见此情景，大为感动，令将士们为雨中歌舞的百姓撑伞。一时间，在欢庆胜利的热烈气氛中，打鼓的百姓和撑伞的将士双双踩着鼓点翩翩起舞。巧合的机缘，促成了军民共舞，奠定了这一舞蹈的群舞形式。后来，人们为了纪念这一历史性的时刻，每逢喜庆节日总要照此形式歌舞一番。演变至今，随着娱

乐性的逐渐增强和纪念性的淡化，表演形式已有所改变；执伞者由原来的男性变为女性，使舞蹈刚柔相济；揉入了闽剧、高甲戏等地方戏剧部分动作，地方特色更加浓郁。今该舞蹈已传至台湾和东南亚等地，表演形式稍有差异。

(6) 民间武术

浙江省台州市、温州市所属各县、市、区民间均有戚继光拳流传。相传，嘉靖年间戚继光率军在台州、温州抗倭时，戚家军所习拳术曾广为传播，民间沿袭至今。台州民间和温州辖地北部民间多称之为"戚继光拳"、"大拳"，温州辖地南部如平阳、苍南等县民间则称之为"戚家军拳"。

早在嘉靖后期，台州市温岭县沿海一带就有由青壮年自发组织起来的"大拳会"，专习戚继光拳。如今，台州沿海"大拳会"遗风犹存，一些民间武术团体仍沿袭戚继光拳，每年定期举行武术竞赛活动。

温州市所属各县民间习武之风由来已久，且多习温州南拳。温州南拳是流行于浙南地区的一个著名南拳流派。据清代版《温州府志》和新编《温州市志》记载，宋代皇室南迁带来的北方拳法与温州当地拳法融合，明代又融入戚家军拳法，最终形成了温州南拳的独特风格。民国时期，平阳、瑞安、永嘉等县皆有国术馆，主习温州南拳。民间武术团体通常利用集市日、迎春赛会组织表演或比赛拳术。平阳县历史上村村设拳坛，男壮皆练武，有"温州拳窠"之称。农历四月十五日，是苍南县仙居乡的"戚继光平倭纪念日"，每年到了这一天，乡里都要举行大比武。其他如永嘉县枫林乡每年农历二月二十一日举行武术大会，鹿城区蒲鞋市每年农历六月初一举行擂台赛等，也带有纪念戚继光的意义。